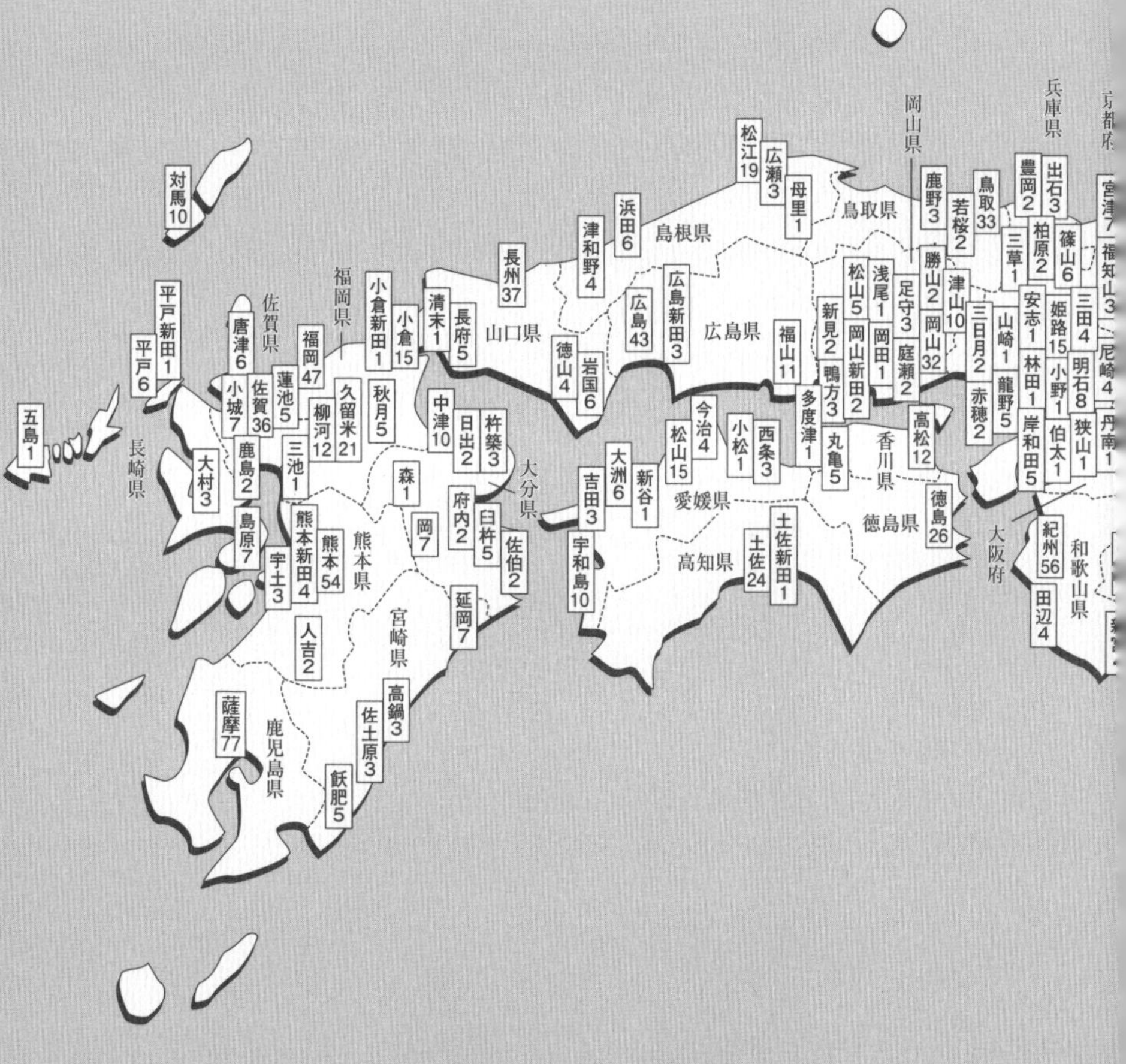
対馬10
五島1
平戸6
平戸新田1
長崎県
佐賀県
唐津6
小城7
佐賀36
蓮池5
鹿島2
大村3
島原7
福岡県
福岡47
柳河12
久留米21
三池1
秋月5
小倉新田1
小倉15
中津10
日出2
杵築3
大分県
森1
府内2
臼杵5
佐伯2
岡7
延岡7
熊本県
熊本54
熊本新田4
宇土3
人吉2
宮崎県
高鍋3
佐土原3
飫肥5
薩摩77
鹿児島県
山口県
清末1
長府5
長州37
津和野4
浜田6
島根県
徳山4
岩国6
広島県
広島43
広島新田3
福山11
松江19
広瀬3
母里1
鳥取県
鳥取33
鹿野3
若桜2
岡山県
新見2
松山5
浅尾1
勝山2
津山10
岡田1
足守3
岡山32
岡山新田2
鴨方3
庭瀬2
兵庫県
豊岡2
出石3
柏原2
篠山6
三草1
三日月2
山崎1
安志1
姫路15
三田4
尼崎4
赤穂2
龍野5
林田1
小野1
明石8
京都府
宮津7
福知山3
岸和田5
伯太1
狭山1
丹南1
大阪府
紀州56
和歌山県
田辺4
香川県
高松12
丸亀5
多度津1
愛媛県
西条3
小松1
今治4
松山15
大洲6
新谷1
吉田3
宇和島10
高知県
土佐24
土佐新田1
徳島県
徳島26

シリーズ藩物語

鴨方藩

藤尾隆志……著

現代書館

プロローグ

鴨方藩物語

鴨方《かもがた》藩は、岡山藩池田家から分家して成立した藩である。池田家は、織田信長・豊臣秀吉・徳川家康に仕え、大大名にまで上り詰めた名門である。戦国時代の当主恒興《つねおき》は織田信長ついで豊臣秀吉に仕え、小牧《こまき》・長久手《ながくて》の戦いで命を落とした。

恒興の息子輝政は、秀吉ついで徳川家康に仕えて、家康の娘を正室とし、「西国将軍」との異名をもつほどに権勢を誇った。今日残る世界文化遺産である姫路城の原型を作ったのも輝政である。さらにその孫の光政も「明君」と呼ばれ、岡山藩の礎を築いた。鴨方藩初代藩主池田政言《まさこと》は光政の庶子であり、岡山藩の領地の一部を分けられたいわゆる「支藩」である。

石高は二万五千石。本家の岡山藩あるいは一門の鳥取藩に比べて少々目立たない存在ではある。領内に岡山城のような雄大な天守を構えた城郭はなく、鴨方村（現在の岡山県浅口市）に簡素な陣屋が置かれていた。後楽園のような美しい大名庭園もなかった。

独自で藩を運営することすら難しかった。鴨方藩は幾度となく岡

藩という公国

江戸時代、日本には千に近い独立公国があった

江戸時代。徳川将軍家の下に、全国に三百諸侯《しょこう》★の大名家があった。ほかに寺領や社領、知行所《ちぎょうしょ》★をもつ旗本領《はたもとりょう》などを加えると数え切れないほどの独立公国があった。そのうち諸侯を何々家《け》家中《かちゅう》と称していた。家中は主君を中心に家臣が忠誠を誓い、強い連帯感で結びついていた。家臣の下には足軽《あしがる》層《そう》★がおり、全体の軍事力の維持と領民の統制をしていたのである。その家中を藩と後世の史家は呼んだ。

江戸時代に何々藩と公称することはまれで、明治以降の使用が多い。それは近代からみた江戸時代の大名の領域や支配機構を総称する歴史用語として使われた。その独立公国たる藩にはそれぞれ個性的な藩風《はんぷう》と自立した政治・経済・文化があった。幕藩体制とは歴史学者伊東多三郎《いとうたさぶろう》★氏の視点だが、まさに将軍家の諸侯の統制と各藩の地方分権が巧く組み合わされていた、連邦でもない奇妙な封建的国家体制であった。

今日に生き続ける藩意識

明治維新から百五十年以上経っているのに、今

山藩に財政援助を請い、その頻度の高さから岡山藩主の怒りを買うことすらあった。近年「藩」とは何か、改めてその定義を見直す動きが出ているが、本家岡山藩の影響が強く、独自性が薄かったことを考えると、鴨方藩を「藩」と呼べるのか少々疑問も湧いてくる。

一方、鴨方藩主は将軍から朱印状を交付され、一大名として幕府の公役を務めた。時には、岡山藩主の代理として、また補佐をする形で活躍する場面をみることができる。岡山藩で池田家の血脈が途絶えようとした時、岡山藩の家臣たちは分家である鴨方藩から池田家の血を求めたこともある。鴨方藩なくして岡山藩の歴史を語ることができないのも事実であるし、そこからみえる姿は家臣とは異なるものである。

鴨方藩を語るには、当然その藩領にも視野を広げる必要がある。領内は北には山が広がり、南は瀬戸内海に面していた。その結果様々な産業や名産も生まれた。

生まれたのはモノだけではない。藩という枠を超え、全国にその名が知られた人材を輩出したのも鴨方藩の魅力といえるだろう。

本書では、こういった様々な視点から鴨方藩について取り上げていきたい。

でも日本人に藩意識があるのはなぜだろうか。明治四年(一八七一)七月、明治新政府は廃藩置県《はいはんちけん》★を断行した。県を置いて、支配機構を変革し、今までの藩意識を改めようとしたのである。ところが、今でも、「あの人は薩摩藩の出身だ」とか、「我らは会津藩の出身だ」と言う。それは侍出身だけでなく、藩領出身も指しており、藩意識が県民意識をうわまわっているところさえある。むしろ、今でも藩対抗の意識が地方の歴史文化を動かしている。そう考えると、江戸時代に育まれた藩民意識が現代人にどのような影響を与え続けているのかを考える必要があるだろう。それは地方に住む人々の運命共同体としての藩の理性が今でも生きている証拠ではないかと思う。

藩の理性は、藩風とか、藩是《はんぜ》とか、ひいては藩主の家風ともいうべき家訓などで表されていた。

〔稲川明雄（本シリーズ『長岡藩』筆者）〕

諸侯▼江戸時代の大名。
知行所▼江戸時代の旗本が知行として与えられた土地。
足軽層▼足軽・中間・小者など。
伊東多三郎▼近世藩政史研究家。東京大学史料編纂所教授を務めた。
廃藩置県▼幕藩体制を解体する明治政府の政治改革。廃藩により全国は三府三〇二県となった。同年末には統廃合により三府七二県となった。

シリーズ藩物語

鴨方藩

目次

第三章　鴨方藩主の立場と役割
鴨方藩やその藩主は岡山藩の援助を受けつつ岡山藩を支えた。

第四章　領内のすがた　多様な村と人々の活動
鴨方藩領は広くなかったが、多様な性格をもつ村と様々な人々の活動があった。

これも鴨方

鴨方藩周辺図

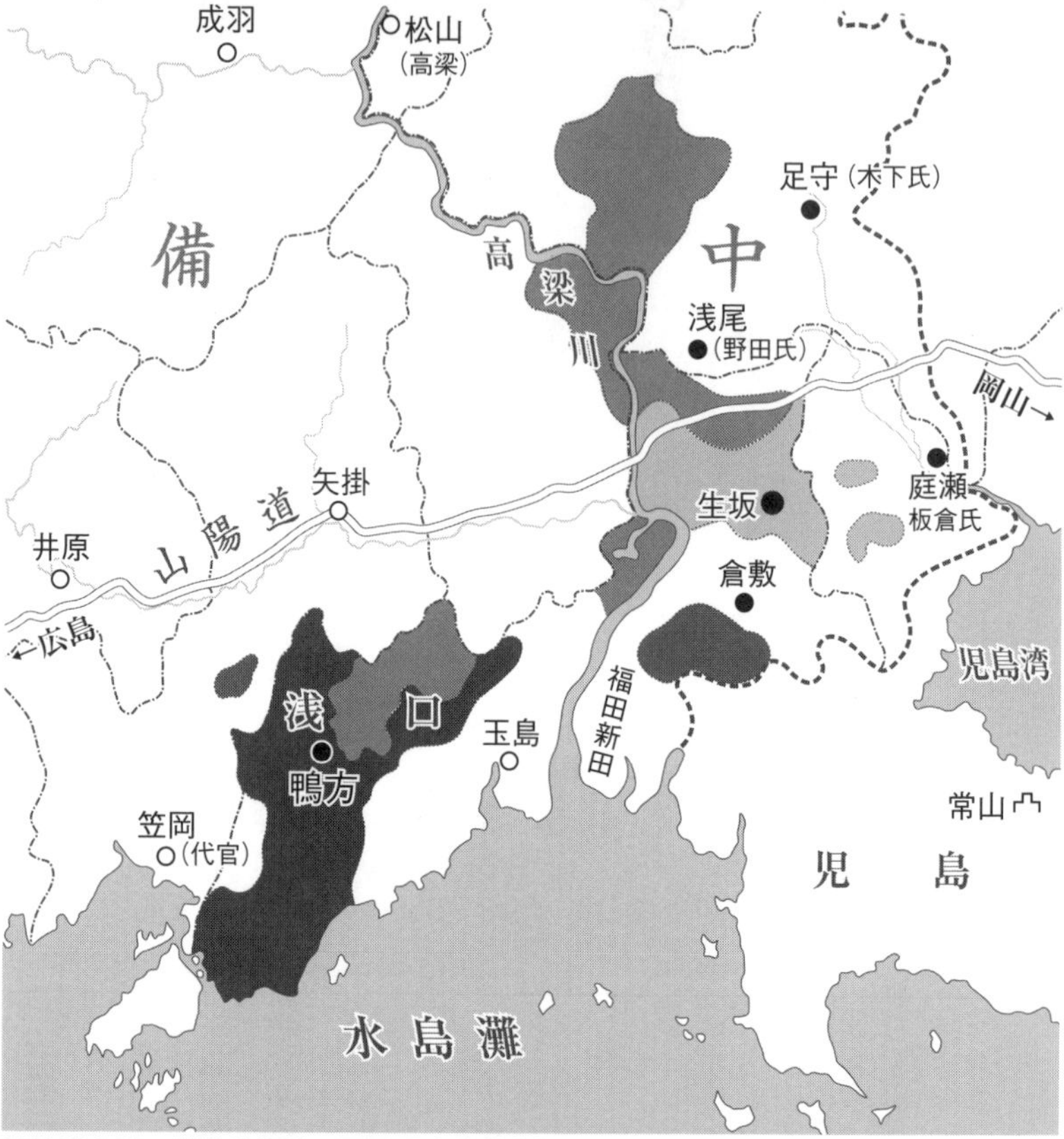

鴨方藩　生坂藩　岡山藩備中領（谷口澄夫『岡山藩』より作成）

鴨方藩領・生坂藩領村々分布図（宝永5年（1708）以降）

（『新修倉敷市史』より作成）

第一章 鴨方藩の成立

鴨方藩は、中国地方の雄藩で、名門岡山藩池田家の分家として成立した。

鴨神社宮の石橋（浅口市教育委員会提供）

◆1 鴨方藩前史

中世の鴨方地域は細川家の支配下にあった。しかし、鴨方を含む備中国は戦国時代に東方からの織田勢と西方からの毛利勢が激突する地域となった。関ヶ原合戦ののち、細川家は鴨方を離れ、池田家が新たな領主となる。

中世の鴨方

中世、鴨方《かもがた》を含む備中国（現在の岡山県の中央部から西部）を領していたのは、名門の細川氏である。細川氏は将軍足利氏の一門であり、室町幕府で将軍を補佐する管領職に就任できる三管領の一つであった（他は斯波《しば》氏と畠山氏）。のちに熊本藩主となる細川家は分家にあたる。

現在の鴨方に残る鴨山城は、一族の細川満国《みつくに》が築いたという伝承をもつ。満国の伯父は、足利将軍足利義満のもとで管領として力を振るった細川頼之《よりゆき》であり、満国の実父である頼元《よりもと》は、頼之の代わりにのちに管領となって細川氏の宗家といえる細川京兆《けいちょう》家★を継承した。まさに中央政権と著しくつながりのある人物であったといえよう。京兆家は満国の兄満元が相続し、満国は分家という扱いで、

鴨山からの景色

▼細川京兆家
細川家の実質上の宗家で、将軍に次ぐ管領に就任した。京兆とは左京職・右京職の唐名。

備中《びっちゅう》国浅口《あさくち》郡のほか、同国矢田郷や伊予《いよ》国・摂津《せっつ》国・丹波《たんば》国の一部を支配した。

ちなみに、備中国の守護《しゅご》★には満国の叔父の満之が命じられている。

満国の嫡男持春《もちはる》と孫の教春《のりはる》は、嘉吉元年（一四四一）に起きた、赤松満祐《あかまつみつすけ》による将軍足利義教《よしのり》暗殺事件として知られる嘉吉《かきつ》の乱《らん》の際に、将軍義教に近侍していた。持春は腕を切り落とされるほどの大けがをしたものの、両者とも生き延びた。教春の孫高国《たかくに》は京兆家の養子に入り、管領として戦国時代に突入した中央政権のかじを取った。このように、細川満国の子孫は代々中央政権と深く関わりをもったといえる。

高国は実父の政春《まさはる》を備中国守護にしたが、このころには備中国守護の浅口郡支配も有名無実となりつつあり、代わりに守護代の庄《しょう》氏ほか、国人領主が力を付けていた。細川氏の影響力は低下し、政春以後守護職に就くことはなかった。こうして、鴨方地域も戦国の動乱に巻き込まれていく。

戦国時代の鴨方

戦国時代、出雲《いずも》国の富田（月山《がっさん》）城（現在の島根県安来市）を拠点とする尼子晴《あまごはる》久《ひさ》が北から美作《みまさか》国（現在の岡山県北部）や備中国へ進攻してきた。この時、庄氏をはじめとする備中の有力な国人★は次々と尼子氏の麾下に属することとなった。細

▼守護
国単位に置かれた鎌倉・室町両幕府の職名で、一国内の軍政を担当する。室町時代には領国支配を強めて、守護大名化した。

▼国人
地方の在地領主で、土豪や地侍のことを指す。

川氏は尼子氏の進攻を前にこれ以上備中にとどまることはできないと判断し、所領としていた伊予国宇摩《うま》郡（現在の愛媛県四国中央市、新居浜市）に渡ったとされる。天文二十一年（一五五二）、尼子晴久は将軍足利義藤《よしふじ》（のち義輝《よしてる》）より出雲・隠岐・伯耆《ほうき》・因幡《いなば》・美作・備前・備中・備後の守護に補せられた。

しかし、西方からは安芸《あき》国（現在の広島県）の郡山《こおりやま》城（現在の広島県安芸高田市）を拠点とする毛利元就《もうりもとなり》が台頭した。永禄五年（一五六二）、元就は兵を出雲に進めて、尼子勢を撃破した。尼子の勢力が衰え始めると、備中国人のなかに、毛利氏に従う勢力が次第に増えた。なかでも三村家親《みむらいえちか》と元親《もとちか》父子は毛利氏に積極的に従い、美作国や備前国（現在の岡山県東部）に兵を進めた。三村家は庄家の拠点である備中松山城（現在の岡山県高梁市）を奪って自らの拠点とし、勢力を拡大していった。しかし、備前で沼城（現在の岡山県岡山市）を拠点とする宇喜多直家《うきたなおいえ》と衝突すると、永禄九年（一五六六）に父親の家親が直家の手の者に狙撃されて命を落とした。息子の元親も天正二年（一五七四）に毛利が宇喜多と和議を結んだため毛利から離反すると、翌天正三年に元就の息子の小早川隆景《こばやかわたかかげ》に居城の備中松山城を攻められ、自害した。

こうして備中国内が混乱するなか、細川氏は毛利に属することで、備中国での領土を取り戻すことを目指した。伊予国にいた細川通董《みちただ》は、室町幕府とのつながりをもつとともに、永禄元年（一五五八）に毛利に属し、翌永禄二年に備中国浅口郡に移った。その後天正三年（一五七五）に鴨山城に移ったという。

戦国末期に入ると、上方から織田家の勢力が西進してくる。備前国や備中国は、織田勢と毛利勢が衝突する最前線となった。織田勢として豊臣秀吉、さらにその配下として岡山を拠点とする宇喜多秀家《ひでいえ》（宇喜多は毛利方に付いたこともあるが、最終的に秀吉の配下となった）ほか、備前・備中の国人が織田・毛利のいずれかに属して激しい戦闘が繰り広げられ、通董は毛利に属して戦った。

天正十年（一五八二）、秀吉が備中高松城（現在の岡山県岡山市）を攻めていた最中、織田信長が配下の明智光秀《あけちみつひで》に本能寺にて攻められ、自害した。秀吉は速やかに毛利方と和議を結び、兵を上方に向けて光秀を破った。秀吉は信長の後継者となり天下人への道を歩み、毛利も秀吉に従うことになるが、備中の領土の境界が定まるのは、天正十二年まで待たねばならなかった。それだけ備中国が秀吉・毛利双方にとって魅力的な場所であったということになる。

結局、宇喜多家が備中国東部を領有し、同国西部は毛利家が領有することとなり、鴨方は変わらず通董が支配した。

通董は引き続き毛利に従い、天正十五年（一五八七）の豊臣秀吉の九州攻めの際には先陣を務めたが、帰国途中に赤間関《あかまがせき》（現在の山口県西部）で亡くなった。息子の元通《もとみち》も毛利に従ったが、慶長五年（一六〇〇）の関ヶ原合戦で徳川家康が勝利すると、敗れた石田三成方の総大将となっていた毛利輝元は大幅に領地を縮小

徳川家康像模写
（東京大学史料編纂所蔵）

豊臣秀吉像模写
（東京大学史料編纂所蔵）

されて備中も没収となった。元通も鴨山城を離れ、毛利に従って萩へ移った。以降、満国の系統は毛利家の家臣として存続することになる。

関ヶ原合戦を経て

関ヶ原合戦後、備中国は大名や旗本領となり、小堀正次《こぼりまさつぐ》と息子の政一《まさかず》（遠州）が国奉行★として幕府から派遣された。鴨方周辺は伊予今治《いまばり》藩の藤堂高虎《とうどうたかとら》の領地になったといわれている。

慶長十八年（一六一三）、備中国のうち三万五千石が池田輝政《いけだてるまさ》の妻である富子《とみこ》（良正院）の化粧田《けしょうでん》★となった。富子は徳川家康の娘で、輝政の継室（二人目の正室）であった。輝政の死後、家康は良正院に化粧田を与え、これが池田家の備中領の端緒となるのである。

元和元年（一六一五）に良正院が亡くなると、息子で岡山藩主となった忠雄《ただお》（ただかつ）が化粧田を相続することになる。

以後、鴨方藩の誕生まで、鴨方地域は岡山藩領となる。

▼国奉行
江戸時代初期の幕府の職。備中・但馬・大和・山城・摂津・河内・和泉・丹波・近江・伊勢・美濃の十一カ国に設置され、一国単位での領地の受け渡しから、交通の把握、国役の徴収などを担当した。

▼化粧田
武家の女子が婚姻した際、一代限りの名目で与えられた田地。

② 池田家の登場

江戸時代、鴨方地域を支配したのが池田家である。池田家は多くの家に分かれ、岡山藩や鳥取藩を筆頭に、関西から中国地方に複数の藩や旗本が誕生した。そのようななか、岡山藩主となったのが「明君」として名高い池田光政であり、岡山藩の礎を築いた。

戦国時代の池田家

池田家の先祖については諸説ありはっきりしないが、一説によれば、清和源氏の源《みなもとの》頼光《よりみつ》から五代目にあたる瀧口奉政《ともまさ》が池田右馬允《うめのじょう》と称したことが始まりといわれている。

そして、末裔の池田教依《のりより》が楠木正成《くすのきまさしげ》の嫡男、正行《まさつら》の実子教正《のりまさ》を養子としたという。この話が事実であれば、池田家は楠木正成の子孫ということになるが、実際にはわからない。ただし、池田家は楠木氏の末裔（楠胤《なんいん》説）であることを強調した。幕末の話になるが、長州藩は岡山藩に対し、池田家が尊王で知られ、南朝についた楠木正成の子孫であることから尊王運動への合力を求めている。

さて、教依は摂津池田城の初代城主であり、その後歴代当主は代々名前に「政」

楠木正成の墓（湊川神社）

や「正」を用いた。永禄十一年（一五六八）、池田勝正が織田信長に服属した。

ところで、池田家には美濃《みの》国池田郷出身とする伝承もあり、池田郷にある龍徳寺には教依以来の位牌がある。同寺にある位牌に記された当主は、教依・教正・佐正までは摂津《せっつ》池田氏の城主と同名であるが、それ以降は当主名が一致しない。今のところ中世の池田家の活動は不明な点が多いといわざるをえない。

池田家の動静がある程度判明するのは、戦国時代末期の恒利《つねとし》からである。恒利は摂津に生まれ、池田政秀の養子となり、織田信秀（信長の父）に仕えた。恒利の妻（養徳院）は信長の乳母となり「大御ち《おおおち》」と呼ばれた。

養徳院は信長の乳母で、養育にもたずさわったことから、織田家中で存在感を示した。信長だけでなく豊臣秀吉や徳川家康からも厚遇されて、息子の恒興《つねおき》や孫の輝政を支えた。息子や孫の元助が戦死するといった悲劇もあったが、池田家が繁栄していく様子を見届けて、慶長十三年（一六〇八）、九十四歳でこの世を去った。

二人の息子である恒興は、信長の側近として、織田家中で順調に出世していった。恒興は、永禄三年（一五六〇）の信長が今川義元を討ち取った桶狭間《おけはざま》の戦いほか、元亀元年（一五七〇）の浅井・朝倉勢との姉川合戦、同二年の比叡山の焼き討ち、天正二年（一五七四）の長島城の戦い、天正三年の武田勝頼《たけだかつより》との長篠合戦といった、信長の主要な合戦に従軍した。

豊臣昇進録
（国立国会図書館蔵）

織田信長像（清州城）

ちなみに、恒興は「信輝《のぶてる》」と記されることもあるが、一次資料で確認できるのは「恒興」である。

信長死後、恒興は大山崎で羽柴秀吉とともに明智光秀《あけちみつひで》を破った。その後、織田家の将来を決めることとなった清須《きよす》会議には、柴田勝家や羽柴秀吉、丹羽長秀《にわながひで》とともに織田家の宿老の一人として参加した。

以降は、信長の嫡孫三法師《さんぼうし》（のち秀信と名乗り、関ヶ原合戦では石田方で出陣）の後見人となった秀吉に与することになり、娘を秀吉の甥の秀次《ひでつぐ》に嫁がせ、次男三左衛門（照政、のち輝政）を秀吉の養子にして、縁戚関係を結んだ。天正十一年（一五八三）には美濃国大垣城（現在の岐阜県大垣市）を居城として約十三万石を領した。しかし、秀吉方として参戦した天正十二年の小牧《こまき》・長久手《ながくて》の戦いで、徳川家康方の永井家や井伊《いい》家に攻められ、嫡男の元助《もとすけ》ともども落命した。元助の遺児（のちの由之《よしゆき》）は幼少であり、池田家の家督は元助の弟である輝政が相続することとなった。こののち由之の血脈は岡山藩や鳥取藩の家老として続いていくことになる。

輝政は、秀吉の家臣として順調に出世していく。秀吉から十万石を与えられて岐阜城（現在の岐阜県岐阜市）を居城とし、天正十五年に秀吉が九州を攻めた際には、輝政も従軍し、羽柴の称号を名乗ることを許された。さらに、同十六年に後《ご》陽成《ようぜい》天皇が聚楽第に行幸した際には、豊臣姓を与えられた。

清州城

同十八年の秀吉の小田原北条攻めに従軍し、小田原のみならず会津《あいづ》まで兵を進めた。この時の論功行賞により、美濃国岐阜から三河国吉田（現在の愛知県東部）十五万二千石へ加増となった。さらに、文禄三年（一五九四）先述の通り徳川家康の娘富子（良正院。もと北条氏直正室）を継室とした。輝政の妹は秀吉の甥で関白となった豊臣秀次に嫁いでいたことから、秀吉・家康双方とも姻戚関係をもつことになった。

なお、輝政嫡男の利隆《としたか》は、先妻である中川氏の子である。富子の子である忠継《ただつぐ》、忠雄、輝澄《てるずみ》、政綱《まさつな》、輝興《てるおき》らはのちに輝政とは別に徳川家から領地を与えられたり、もしくは池田家の領地が分割された際に、別家として独立することになる。

輝政は義兄として秀次の宿老となったが、あくまでも秀吉の家臣である立場は変わらなかった。そのためか、文禄四年（一五八五）に秀次が秀吉に謀反を企んだという名目で切腹を命じられ、多くの側室や実子が処刑された際も、輝政は罪を受けず、秀次の正室だった輝政の妹も助命されている。

慶長五年（一六〇〇）の関ヶ原合戦では、輝政は家康側に付き、石田三成方で、かつて輝政自身も居城としていた岐阜城に籠る織田秀信（信長の嫡孫・三法師）を攻めて降伏させた。合戦後に論功行賞として播磨国姫路（現在の兵庫県西部）五十二万石を与えられた。この時、輝政の弟長吉も因幡国（現在の鳥取県東部）に六万石を与えられた。

池田輝政肖像画
（鳥取県立博物館蔵）

ところで、輝政が家康から播磨を与えられるにあたって、次のような逸話が残されている。家康は輝政に対し、論功行賞として播磨と美濃を候補地として、どちらか一国を輝政の希望で与えると伝えてきた。

輝政が重臣たちに意見を求めたところ、ほとんどの者は美濃が望ましいと回答した。播磨は不案内な一方、美濃は池田家ゆかりの地であり、重臣たちにとっても馴染みが深いからであった。

そのようななか、老臣の伊木《いぎ》豊後《ぶんご》だけは一人播磨を主張した。その理由として、播磨は「大上々」の国であり、備前と淡路に面して永世の基業を興すべき地である一方、美濃は尾張とともに東西からの合戦の場となりやすく、将来まで関東の勢力から制されて発展が望めないとした。伊木の意見に輝政ほか他の重臣も納得し、播磨を選んだという（『池田家履歴略記』）。ここでいう「大上々」とはとても豊かで税収も良いという意味だろうか。

この逸話が史実かは疑わしいが、播磨への移封が池田家のさらなる発展につながったことは事実である。輝政は「西国将軍」と呼ばれるほどの実力者となった。

広がる池田家の血脈

以降、池田家の血脈は播磨を中心に西国に枝葉を広げていく。慶長七年（一六

姫路城

〇二）、関ヶ原合戦の論功行賞で備前国と美作国五十七万四千石を与えられていた小早川秀秋《こばやかわひであき》が嗣子なく断絶した。そこで徳川家康は、慶長八年（一六〇三）に輝政の息子で自らの外孫である忠継に備前国岡山二十八万石を与えた。忠継は幼少だったため、兄で輝政嫡男の利隆が岡山へ向かい、領内統治を代行した。利隆が政務を執ることを「監国《かんこく》」と呼ぶ。また、同十五年、家康は利隆と忠継の弟で家康の外孫だった忠雄に淡路国六万三千石を与えた。

　慶長十八年（一六一三）に輝政が亡くなると、家督は嫡男利隆が相続したが、池田家の家臣団が利隆・忠継・忠雄に分割され、さらに播磨のうち三郡十万石が忠継に与えられた。

　しかし、わずか二年後の元和元年（一六一五）、忠継と良正院が相次いで死去した。忠継は弱冠十七歳で嗣子がいなかった。そこで、忠雄が淡路から備前へ移され、岡山藩主となった。良正院の化粧田備中国三万五千石も継承し、あわせて三十一万五千二百石を領した。ここに岡山藩の石高が確定する。

　一方、忠継の遺領のうち、弟の輝澄に播磨国宍粟《しそう》三万八千石，政綱に同赤穂《あこう》三万五千石、輝興に同佐用《さよう》二万五千石（いずれも現在の兵庫県西部）がそれぞれ幕府から与えられ、大名として独立した。いずれも家康の外孫にあたることから、幕府から優遇されたと考えるのが自然だろう。政綱は寛永八年（一六三一）に亡くなり、輝澄が宍粟・佐用で六万三千石、輝興が赤穂藩三万五千石となった。

小早川秀秋像模写
（東京大学史料編纂所蔵）

この他にも、輝政の姉（七条）の子である池田重利《しげとし》は、大坂の陣での功績から播磨国鵤《いかるが》（現在の兵庫県西部）一万石を与えられた。のち隣接する姫路藩本多家と対立して、陣屋を新宮へ移した（播磨新宮藩）。こうして、輝政の実子や弟、さらには甥まで、池田家を当主とする新たな藩が誕生していった。

さて、元和二年（一六一六）利隆も大坂の陣後に若くして亡くなった。翌元和三年（一六一七）、利隆嫡男の光政は、姫路から因幡・伯耆三十二万石へ移された。姫路という要衝の地を支配するのにふさわしくないというのが理由であった。それに伴い、鳥取の池田長幸《ながよし》（長吉子）は六万五千石で備中国松山（現在の岡山県西部）に移された。また、姫路十五万石で本多忠政《ただまさ》が、播磨国龍野（現在の兵庫県西部）五万石で忠政次男の本多政朝《まさとも》が、そして播磨国明石《あかし》（現在の兵庫県南東部）十万石で本多忠政の娘婿小笠原忠政《おがさわらただまさ》が移された。本多忠政はいわゆる「徳川四天王」の一人といわれた本多忠勝《ただかつ》の嫡男で、忠政の嫡男の忠刻《ただとき》は二代将軍徳川秀忠《ひでただ》の娘である千姫《せんひめ》を正室に迎えた。小笠原忠政は本多忠政（二人は同名である）の娘婿のみならず、家康の曽孫でもあった。元和二年（一六一六）に家康が亡くなっており、徳川家の政治基盤を盤石なものにするため、有力譜代や家康の血縁者を播磨に移し、西国への抑えにしたと考えられる。

残された池田忠雄は、池田家の年長者として一族を指導する立場となった。領内の法令を整備するとともに（「忠雄様法令」）、寛永検地を行い、新田開発や用水の整備を行うなど、岡山藩の礎を築いた。

しかし、寛永九年（一六三二）に忠雄が亡くなると、忠雄嫡男の光仲《みつなか》が幼少であることから、光政《みつまさ》と交代する形で鳥取藩主となり、光政は岡山藩主となった。以降、光政の系統が岡山藩主、光仲の系統が鳥取藩主となり、明治維新を迎えることとなる。

池田光政の治世

岡山藩主池田光政は、岡山藩政の基盤を作り上げた「明君」として知られている。光政が岡山へ移封となったのは寛永九年（一六三二）、二十四歳の時である。光政は、慶長十四年（一六〇九）に父の池田利隆が弟忠継の代わりに備前を監国していた際に岡山城で誕生しており、出身地に戻ることになったともいえるだろう。

光政は岡山城と城下町の整備を進めるとともに、家臣団組織を確立させた。その一方で家臣や領内の風紀を厳しく取り締まった。正保三年（一六四六）には行跡が悪いという等の理由で、多くの家臣を改易とした。さらに、同年、のちに鴨方藩領となる備中国鴨方で起こった村方騒動にて、その主張に理がなく、また村人たちが徒党を組んで郡奉行の呼び出しに応じなかったという理由で首謀者二八人とその男子を処刑した。もっとも、ただ厳しくするだけでなく、奇特者への褒賞を行い、領民を顕彰した。家臣や民にあるべき姿を示し、それを求めたのである。

承応二年（一六五三）と三年には大規模な洪水が領内で発生した。光政はこれを「天譴《てんけん》」、すなわち天から自らへの戒めであると捉え、藩政改革を推進することにした。

同時に、窮民の救済を進めた。光政の正室勝子は徳川秀忠の娘千姫（天樹院《てんじゅいん》）の娘であり、天樹院は義理の息子である光政に四万両の資金を調達している。この資金は無利子長年期返済のみならず、天樹院死後、返済し切れなかった残り二万八〇〇〇両（光政は洪水以外にも二万両を借りていた）は帳消しになったという。

池田家略系図1

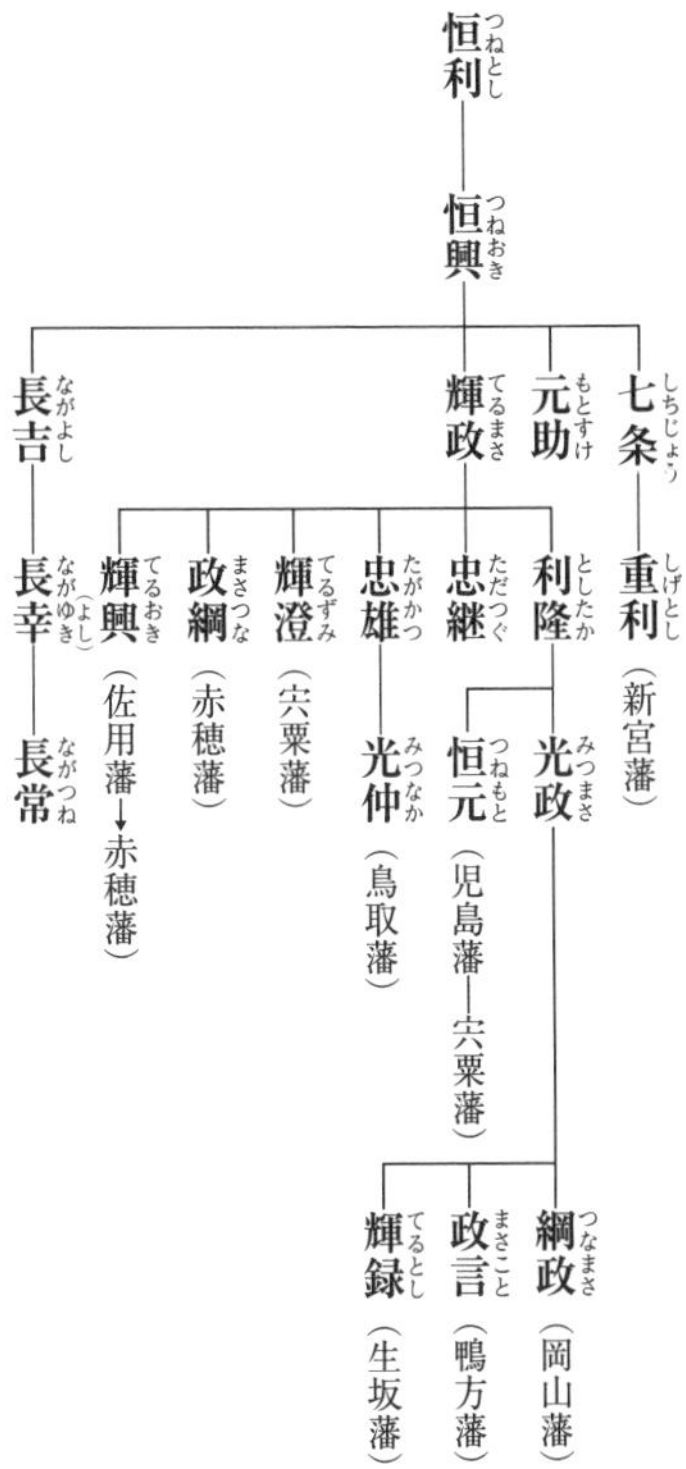

徳川秀忠像模写
（東京大学史料編纂所蔵）

この他にも、光政時代の岡山藩では興味深い政策・制度がいくつか定められている。ここではのちの鴨方藩やその藩領にも影響を与えたものを中心に四点紹介しよう。

一つ目に、「直高《なおしだか》」制度がある。これは、正確には光政が播磨国姫路から鳥取へ移封となった際に定められたものだ。鳥取は播磨国姫路に比べて実高が低い。そこで、幕閣の稲葉正勝《いなばまさかつ》に相談したところ、いずれ不足分を加増するので、それまでは鳥取に移っても播磨時代と同様の石高と「見立て」て、家臣に領地を与えたらどうかと提案されたという。建前上は家臣の石高は減らないが、当然実収入は減り、家臣の実質的な給与も姫路時代より引き下げられた。結局その後も加増されず、この制度は岡山移封後にも引き継がれ、分家である鴨方藩にも引き継がれた。

二つ目に、「諫箱《いさめばこ》」がある。これは、光政が幅広い者から意見を求めるために設置したものである。城内の本丸と内堀に掛かる内下馬門《うちげばもん》の橋の脇にそれぞれ設置され、家臣と領民から幅広く意見を求めた。その結果多くの意見が身分を問わず提出され、光政は一つ一つの意見に目を通し、記録した。必要であれば調査を行い、意見を受け入れた。

承応三年（一六五四）、備中国の郡奉行上田所左衛門《しょざえもん》から大庄屋制度存続論の提案が出た。光政は大庄屋制度を廃止し、庄屋の大幅な入れ替えを模索していた。

しかし、備中国は備前国と違い、岡山藩が一円を支配していたわけではない。他藩や幕府領も存在していたし、なかには岡山藩領と他の領主が分けて支配する村（これを相給という）すらあった。そこで、地方の様子に詳しい大庄屋を、備中国では特別に存続させてほしいと提案した。

ところが、備中国の村々からも上田所左衛門への不満を述べる意見が提出されていた。そこで、光政は備中国の村々を調査することにした。結局所左衛門は閉門となり、代わりに都志《つし》源右衛門《げんえもん》が任命された。光政が藩士も村々からの意見もともに吸い上げていた事象といえよう。

三つ目に、宗教政策がある。近世では幕府が進めた「宗門改め」が全国で行われ、領民は各寺に属することとなり、宗門改帳が実質的な戸籍となったことはよく知られている。しかし、寛文六年（一六六六）以降、光政は仏僧ではなく、神職がキリシタンでないことを証明する「キリシタン神職請」を実施して、むしろ寺社の整理を図った。そのため、領内の多くの寺や小さな社などが姿を消した。この政策は、のちに誕生する鴨方藩領にも大きな影響を及ぼすこととなる。ただし、光政死後、改めて仏教をもととする宗門改めが行われた。

最後に、教育制度の充実である。光政自身好学の大名だったが、光政が信頼した学者に熊沢蕃山《くわざわばんざん》がいる。蕃山は寛永十一年（一六三四）に一度岡山藩士に取り立てられるが、勉学に励むため、同十五年に一度致仕した。致仕後は近江国にいる親戚を頼った。その後同じく近江国蒲生郡《がもう》（現在の滋賀県東部）の学者で「近江聖人」と呼ばれた中江藤樹《なかえとうじゅ》に師事することになり、学問に励んだ。正保二年（一六四五）に蕃山は再び岡山藩に出仕すると、光政が蕃山の学問（「心学」★）に傾倒し、側近として取り立てた。光政庶子の八之丞《はちのじょう》（輝録《てるとし》）を蕃山の養嗣子としたほどである。先述の備中国の郡奉行上田所左衛門を閉門させた際は、光政は蕃山に命じて内々に備中国の調査をさせた。のちに光政は蕃山と袂を分かつことになり、蕃山は岡山藩を離れ、むしろ岡山藩政を批判するようになるが、当初は家臣団にも蕃山の下で学問を修めることの必要性を説き、藩士に学問に励むことを薦めた。

寛文六年（一六六六）、光政は城内に仮学校を設け、同九年（一六六九）、岡山城下に岡山藩学校を創設した。これは全国の藩校のなかでも早い創設である。藩学校では岡山藩士だけでなく、領民も学ぶことができた。

藩政の安定した運営には、町や村の人々の行政能力も欠かせない。光政は領民の教化を行うため、心学を領民に浸透させることを考えた。寛文六年に郡ごとに一人の「郡々講釈師」の派遣が決められた。講釈師には浪人の儒者などを雇い、村役人に儒学を教えた。さらに、翌年に岡山城下に手習所を設けたのを皮切りに学校奉行泉八右衛門《いずみはちえもん》（熊沢蕃山実弟）や津田重二郎《つだじゅうじろう》の提案で郡々手習所の設置を進めた。

寛文十一年（一六七一）には領内で一二三カ所にものぼった。生徒は村役人の

▼心学
陽明学。中国の明代に王陽明がおこした儒教。石田梅岩が創始した庶民教学の心学とは別。

子供が中心で、希望があればそれ以外の百姓の子供も学ぶことができた。手習所の運営費用も藩から支給された。

最終的には手習所の活動は衰え、手習所の機能は閑谷学校（現在の岡山県備前市）に集約された。寛文十二年（一六七二）には飲室と学房が、延宝元年（一六七三）は講堂が、さらに同二年には儒学の学校ということで、儒学の祖である孔子を祀る聖堂（孔子廟）ができあがった。光政の存命中、岡山藩の財政難もあり、光政の後継者綱政は閑谷学校の一時閉鎖を検討したものの、のちに存続が決定した。

天和二年（一六八二）に光政は亡くなったが、遺言で閑谷学校を永続させるように命じていた。閑谷学校の整備は光政の死後も進められ、貞享元年（一六八四）には新聖堂が完成し、さらに同三年には光政を祀る芳烈祠《ほうれつし》（現在の閑谷神社）が新聖堂の隣に建立された。

閑谷学校は領民のための学校だったが、武士が学ぶことも可能であった。さらに、学校の名は広く知られることになり、他領の人々も訪れ、なかには入学する者もいた。

現在でも、その優れた建造物が残され、敷地が国の特別史跡に、また講堂は国宝に指定されているほか、平成二十七年（二〇一五）には、「近世日本の教育遺産群—学ぶ心・礼節の本源—」の構成資産の一つとして、文化庁が進める「日本遺産★」に認定されている。

池田光政座像
（閑谷学校蔵）

▼日本遺産
平成二十七年（二〇一五）に文化庁が開始した制度。地域の歴史的魅力や特色を通じて日本の文化・伝統を語るストーリーを日本遺産に認定し、構成文化財を整備・活用して、国内外に発信する。

変遷図

元和3年（1617）

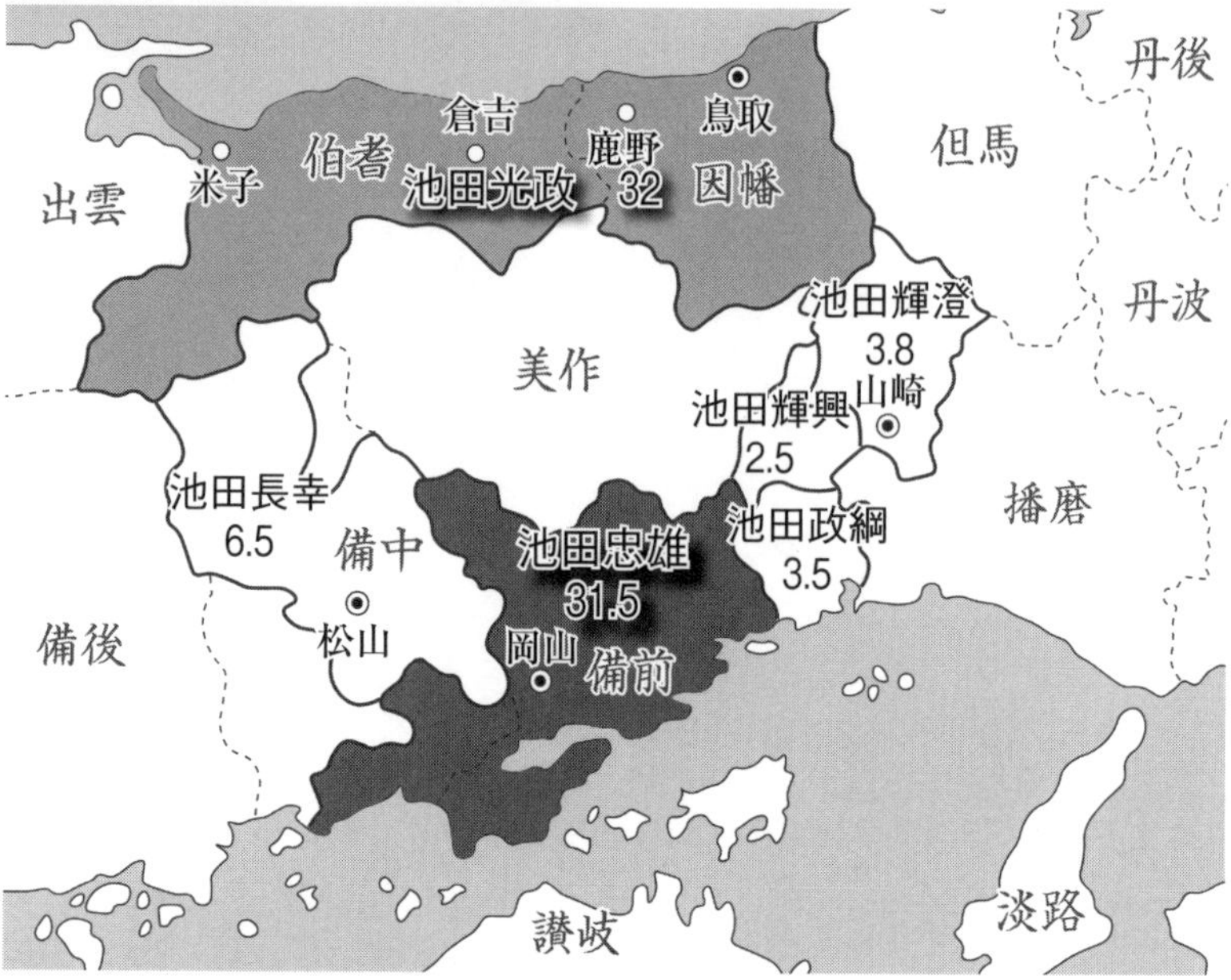

寛永9年（1632）

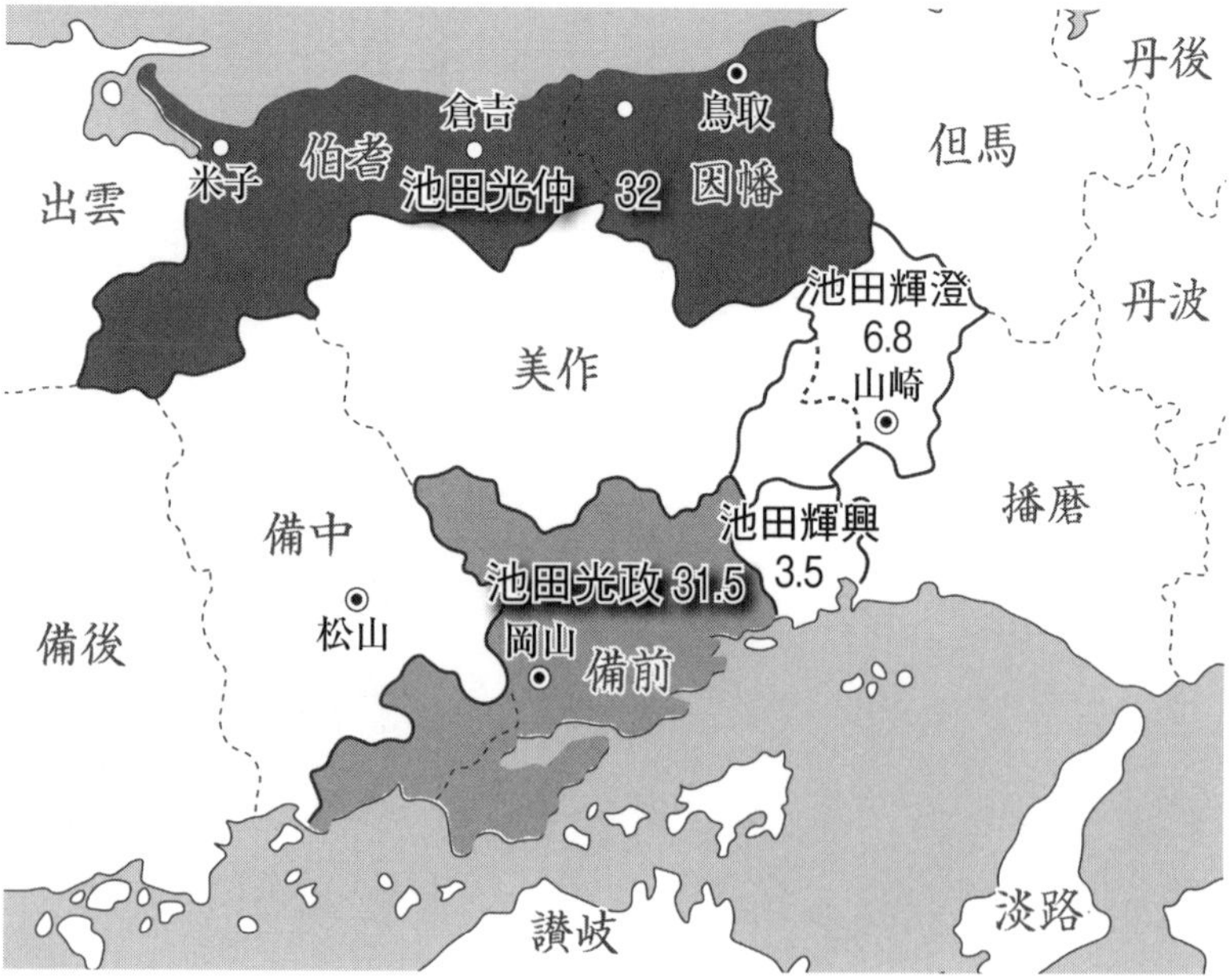

寛永17年（1640）

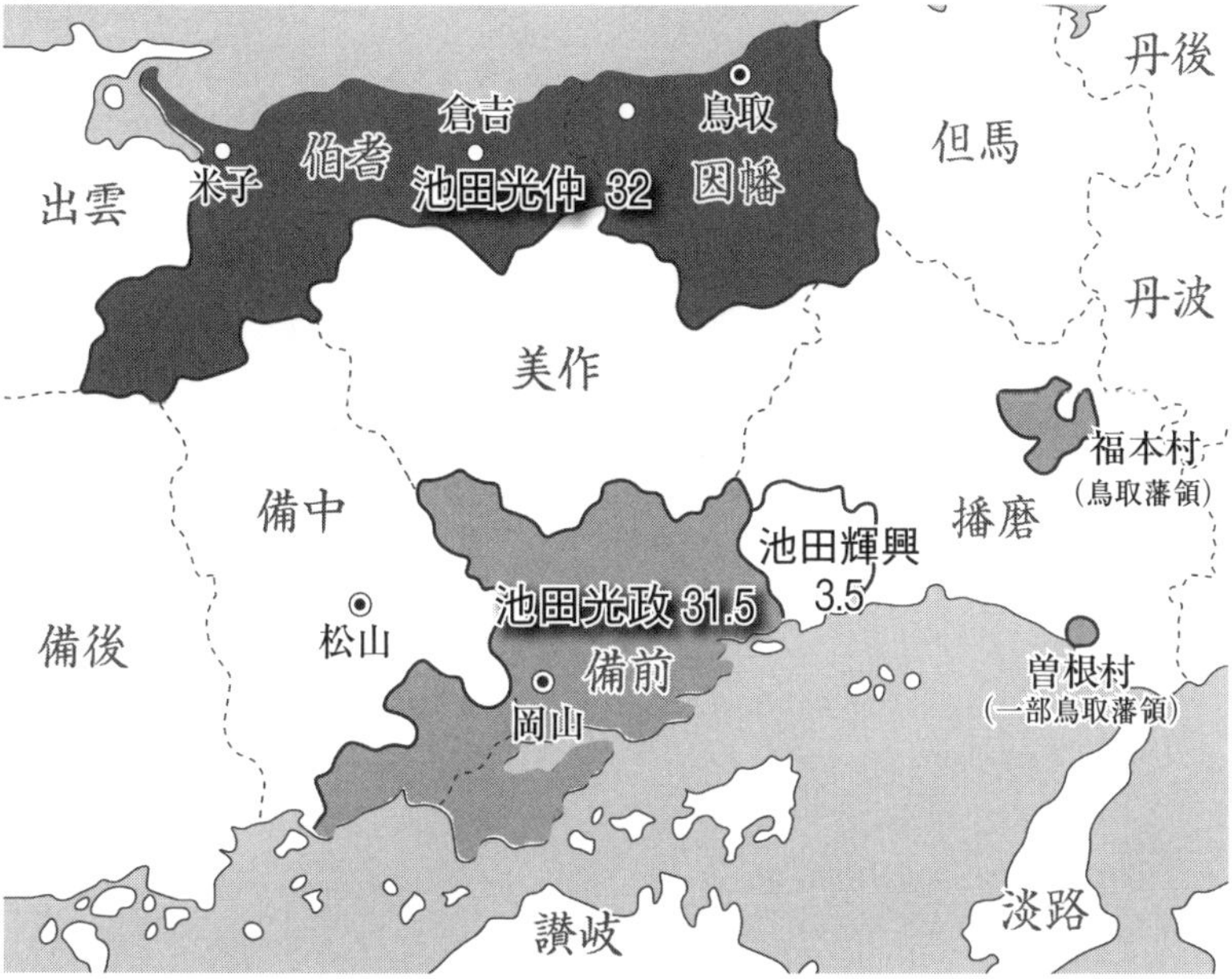

寛文2年（1662）

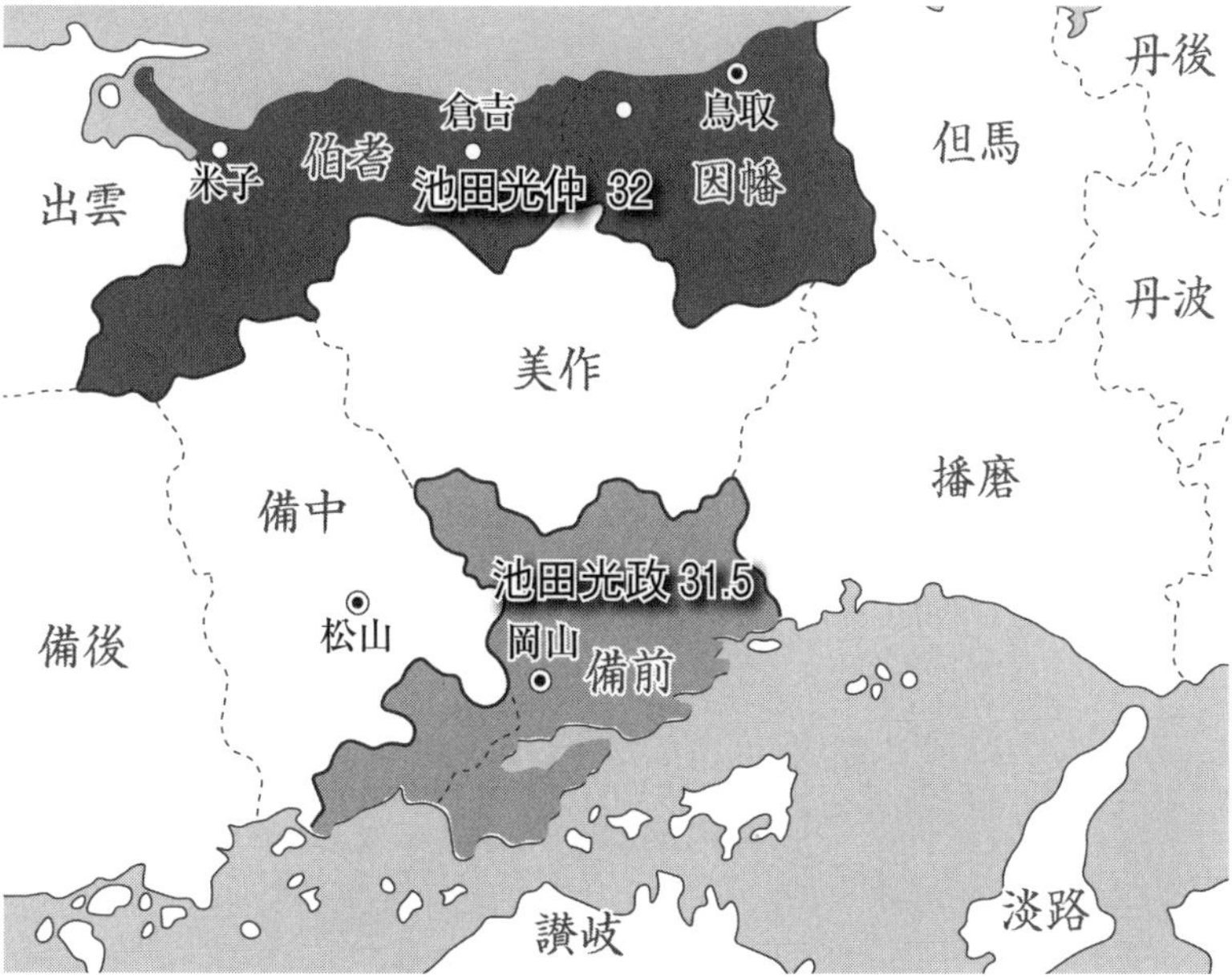

（谷口澄夫『岡山藩』および『仁風閣の周辺』（鳥取市歴史博物館刊）より作成）

③

鴨方藩の立藩

池田家は関ヶ原合戦ののち繁栄したが、一門の多くが様々な理由で衰退していくことになる。そのようななか、光政の二人の息子は岡山藩の領地を分け与えられて分家大名として独立する。こうして鴨方藩は誕生した。

光政の二人の庶子

光政には一三人の子供がいた。男子が三人と女子が一〇人で、うち二人の女子は早世した。先述の通り、光政の正室は千姫の娘、勝子である。勝子との間には、五人の子供が生まれ、嫡男綱政は光政の跡を継いで岡山藩の藩主となった。残る八人は側室との子供で、次男政言《まさこと》は水野氏の、そして三男輝録《てるとし》は和田氏の子供である。この二人が分家して独立することになる。

しかしながら、二人は、最初から分家する予定ではなかった。政言は池田一門で岡山藩家臣となっていた池田信濃政信《まさのぶ》（初代利政は輝政の庶子）の養子となり、輝録は熊沢蕃山の家督三千石を相続していたのである。

衰退する池田一門

光政は池田家の惣領として、一門の存続のために奔走しなければならなかった。輝政以降、多くの池田一門が大名家として独立したのは先述の通りだが、そのなかの多くの家が様々な問題を抱え、なかには取りつぶしの憂き目にあう家すらあった。

まずは鳥取藩である。光政と入れ替わりで鳥取藩主となった池田光仲（勝五郎）はわずか三歳であった。そのため、光政は光仲の後見となって、鳥取藩を支えた。鳥取藩は光政を頼りとしてしばしば意見を求め、光政も光仲や家臣団にたびたび指導した。光仲は成長後、光政とともに池田一門の存続のために尽力することとなる。

光政の叔父、池田輝澄《てるずみ》の山崎藩では、寛永十七年（一六四〇）に御家騒動が起こった。輝政時代からの家臣と輝澄が登用した者が激しく対立したのである。幕府の裁定で多くの家臣が切腹等厳しい処分を受け、輝澄は改易となった（「宍粟《しそう》家中騒動」）。しかし、光政が幕閣に働きかけたことで、輝澄は「堪忍料」として一万石が幕府より与えられて家名を存続することを許された。輝澄の子孫は知行を分割しながらも存続し、それぞれ旗本となった（福本池田家・屋形池田家など）。このうち、福本池田家は明治維新を迎えて鳥取藩の協力を得て大名に復する。

備中松山藩の池田長常（長幸の子）は、寛永十八年（一六四一）に跡継なく亡くなり、断絶となったが、光政の運動で長常弟の長信が備中国後月《しつき》郡井原《いばら》（現在の岡山県南西部）に千石を与えられ、旗本となった。

正保二年（一六四五）に、赤穂藩主池田輝興《てるおき》が乱心して妻を殺害する事件が起こった。夫婦の仲は良かったといわれ、真相は不明である。しかし、これにより赤穂藩は断絶し、輝興やその子供たちは岡山藩に預けられた。

新宮《しんぐう》藩では、寛文十年（一六七〇）に藩主池田邦照《くにてる》が早世し、弟治左衛門（重教《しげたか》）への家督相続が許されず、改易となった。光政と光仲が幕府へ働きかけ、治左衛門が三千石の旗本として新宮の陣屋をそのままにして取り立てられた。

このように、多くの池田一門が断絶の危機に直面した。赤穂藩を除いて、結果的に家名は存続できたが、それぞれ石高が大幅に減り、大名の格を喪失した。大名として残ったのは岡山藩と鳥取藩だけになってしまったのである。

新たな分家創出の動き

池田一門が姿を消し、あるいは石高が大幅に減らされる様子をみて、光政が新しい池田一門の創出を考えても不思議ではない。

一門の存続を図る一方、光政は新たに一門を大名に独立させる運動を行っていた。光政の実弟である恒元《つねもと》は、岡山藩領だった児島（現在の岡山県南部）を領地として分知していた。しかし、児島はあくまでも岡山藩領であり、本家の領地のなかで領地をもつ「領内分知」と呼ばれるものであり、分家のなかでも独立性が弱いものであった。慶安二年（一六四九）、新たに幕府から播磨国宍粟郡（現在の兵庫県西部）に幕府から領地を与えられ、山崎（宍粟）藩として独立した。この際、光政は幕閣から「光政に与えたも同然である」と伝えられている（『池田光政日記』）。本家として光政の影響が強い分家大名だったといえるだろう。もっとも、山崎藩はこののち、後継ぎがなく断絶した。

ともあれ、実弟が幕府から領地を与えられて独立を果たすことができた。さらに、光政は庶子である政言と輝録を独立させ、新たな分家創出を図ることになる。

池田信濃家と政言

政言《まさこと》が相続した池田信濃家は、池田輝政の庶子である池田利政《としまさ》を初代とする。利政は、文禄三年（一五九四）、当時輝政の居城だった三河吉田城（現在の愛知県豊橋市）で誕生した。始め右近《うこん》、のちに左近大夫《さこんたゆう》、摂津守《せっつのかみ》と称した。関ヶ原合戦を経て、池田家が播磨国姫路に移封になると、利政も父に従った。

三河吉田城

側室の子であったためか、忠継や忠雄たちとは異なり大名として独立することはなく、そのまま池田家の家臣となり、四千百七十石のち五千石を与えられて播磨国東部にあたる明石城（当時は船上《ふなげ》城・現在の兵庫県明石市）の城代を命じられた。明石は瀬戸内海に面した交通の要衝であり、船上城は大坂方面から西方に位置する姫路城を防衛する役割を担っていた。そのため輝政は信頼できる自らの息子を配したのだろう。利政のほか、同じく輝政の庶子である瓢庵《ひょうあん》（輝高《てるたか》）も詳細は不明ながら明石に居住したようである（『池田家履歴略記』）。

父輝政の死後、利政は兄の利隆に仕え、大坂の陣には利隆に従い出陣。このころには摂津守を称していた。利隆死後、嫡男の光政が因幡・伯耆に移ると利政も伯耆に移り、さらに光政が岡山に領地替えとなると岡山へ移った。そして岡山藩の重臣として一生を過ごし、寛永十六年（一六三九）八月十一日、岡山で死去した。家督は嫡男の政信《まさのぶ》が相続した。次男の知利は鳥取藩池田家の家臣となり、子孫は代々鳥取藩池田家に仕えた。このように、池田一門がそのまま家臣筋になった場合、兄弟で岡山藩と鳥取藩に分かれて仕えることは珍しくなかった。

政信は家督を相続した時にはまだ十歳であった。信濃と名乗り、正保元年（一六四四）に岡山城下に東照宮《とうしょうぐう》が造営された際には、石灯籠を献上している。一万石を領し、順調にいけば、光政のもとで岡山藩の重臣として活躍しただろう。しかし、病に罹り、大坂で療養したものの薬石効なく、慶安二年（一六四九）七

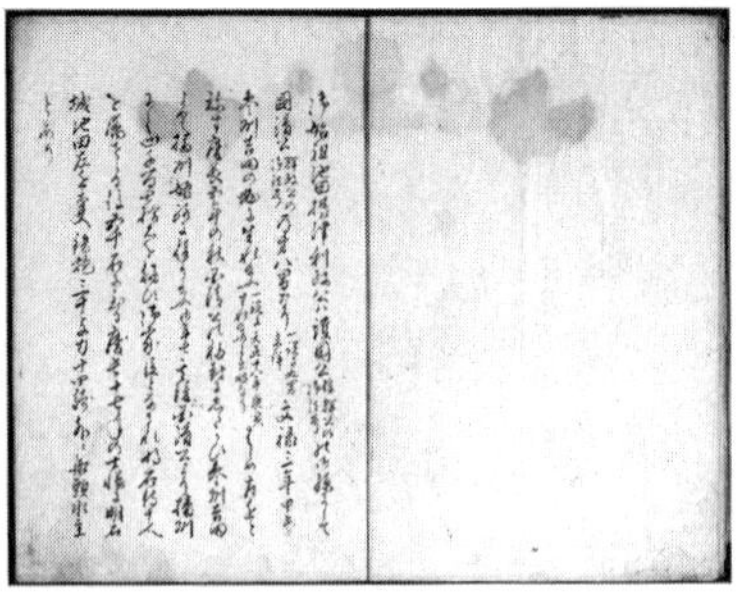

鴨方藩主池田家記（岡山県立図書館蔵）
池田利政の記述

月、二十歳の若さで跡継ぎなく死去した。

光政は信濃の家名を存続させるため、自らの庶子である左門（政言《まさこと》）を政信の養子として、信濃と改称させた。信濃は番頭となり、岡山藩の重臣としての道を歩むことになった。

鴨方藩の誕生

光政がいつごろから政言、そして輝録を独立させようとしたかわからない。むしろ最初は消極的だったともいわれる。しかし、新しい池田一門を創出し、かつ岡山藩池田家の勢力を伸ばす意味でも有効な手立てである。また、息子綱政や娘奈阿子《なあこ》、そして義母の千姫（天樹院）が政言の分知を求めており、実母の福照院（徳川家の重臣榊原康政の娘）や弟の恒元らも同意していた（倉地克直『池田光政』）。当時、有力大名の多くが自らの弟や庶子を分家大名にすることは珍しくなかった。実際、光政の従兄弟で、鳥取藩主池田光仲も、自らの庶子を分家させた（鳥取東《ひがし》館《やかた》藩・西館《にしやかた》藩）。池田家全体で分家創出の機運が高まっていたといえよう。

もっとも、反対がなかったわけでもない。熊沢蕃山は分家創出に対して、家臣団から不満がでる可能性を考え、疑問を呈している。

寛文十二年（一六七二）六月十一日、政言は父光政の隠居に伴い、岡山藩より

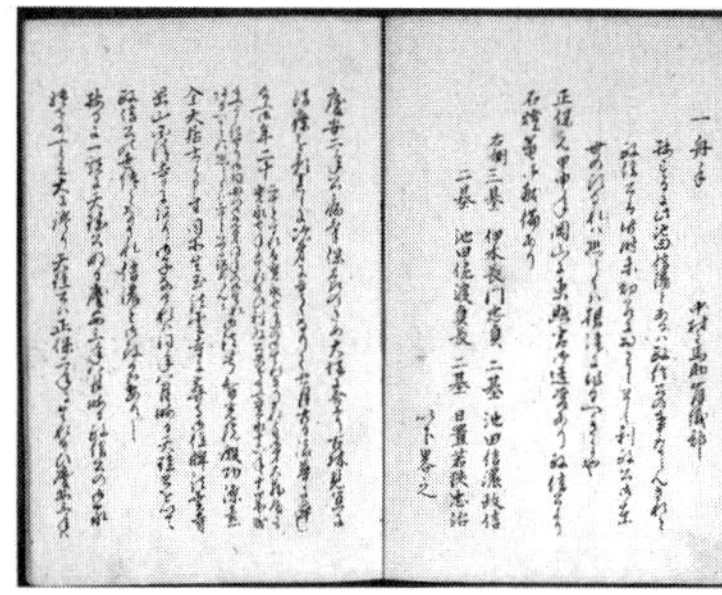

鴨方藩主池田家記（岡山県立図書館蔵）
池田政信、岡山東照宮に燈篭寄進

新田分として二万五千石を分知された。のちの鴨方藩池田家の誕生である。のち、というのはこの際まだ鴨方を領地にしていなかったからである。

また、政言とあわせて、同じく光政庶子の輝録が岡山藩より新田分として一万五千石を分知された。生坂《いくさか》藩池田家である。新田分を領地とすることで、岡山藩領の石高が減らないようにした。

政言は光政から、そして輝録の分知は光政の嫡男で新たに岡山藩主となった綱政からそれぞれ幕府へ願いが出された。綱政は弟二人の独立を後押ししたのである。

鴨方藩の領地確定

政言が分知を認められたからといって、すぐに鴨方藩の領地が確定したわけではなく、むしろ紆余曲折があった。

当初政言の領地は、備前国御野《みの》郡（現在の岡山県岡山市北区の一部と南区の一部）、上道《じょうとう》郡（現在の岡山市北区の一部と中区・東区の一部）、備中国浅口郡（現在の岡山県倉敷市の一部と岡山県笠岡市の一部、岡山県浅口市）、窪屋《くぼや》郡（現在の岡山県倉敷市の一部と岡山県総社市の一部）、小田《おだ》郡（現在の岡山県矢掛町と岡山県笠岡市と岡山県井原市の一部）と散在していた。これでは効率良く支配できず、本家の岡山藩からして

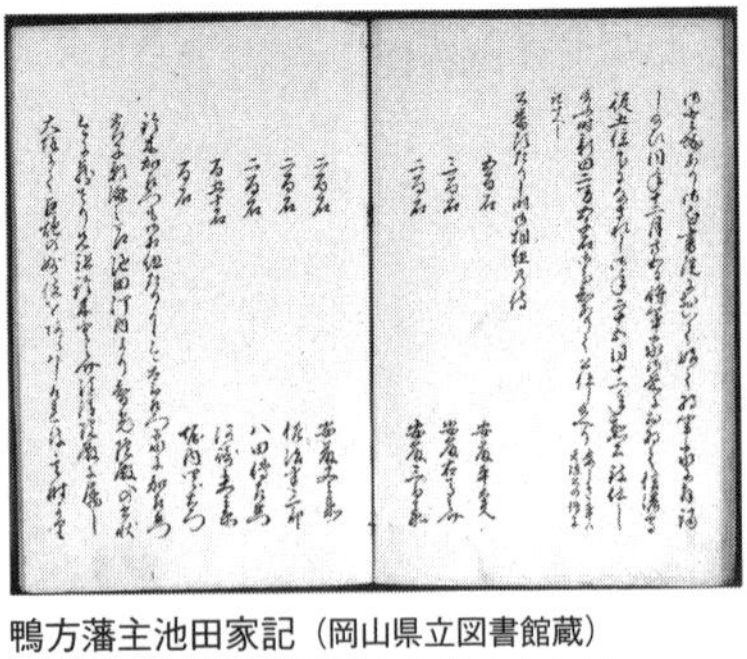

鴨方藩主池田家記（岡山県立図書館蔵）
池田政言、分家を幕府より認められる。

鴨方藩領地一覧

①鴨方藩成立当初（寛文12年当時）

郡名	石高	分類	新田村
御野郡	5848石9斗3升	新田村	万倍新田・当新田・泉田新田・新福新田・福田新田・福成新田・平福新田・福島新田・米倉新田
上道郡	3175石7斗5升	新田村	金岡新田・松崎新田
窪屋郡	4234石2斗5升	新田村	四十瀬新田・埋川村・福井村・笹沖村・吉岡新田・白楽市新田
浅口郡・小田郡	11741石7升	新田村	西阿知新田・八重村・道越村・上竹新田・七島村・占見新田
		新田分	深田村・六条院中村・六条院東村・六条院西村・小坂西村・小坂東村・大島中村・本庄村・鴨方村・口林村・尾坂村

②貞享以後

郡名	石高	分類	新田村
窪屋郡	4234石2斗5升	新田分	四十瀬新田村・埋川村・福井村・笹沖村・白楽市新田村・吉岡村
浅口郡 小田郡	11741石7升	新田村	西阿知新田村・八重村・道越村・上竹新田村・七島村・占見新田村
		新田分	鴨方村・深田村・本庄村・小坂東村・小坂西村・六条院東村・六条院中村・六条院西村・口林村・大嶋中村・尾坂村
	9024石6斗8升	本田分	

『鴨方町史』より
※新田村は一村、新田分は元々ある村の新田分

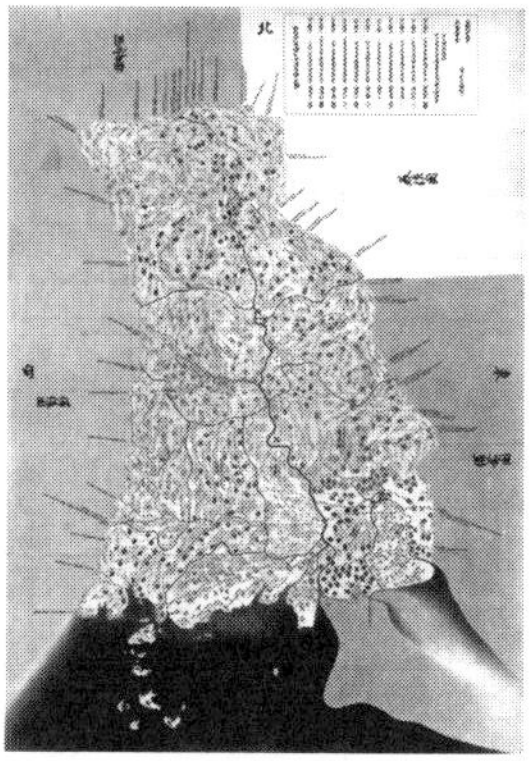

備中国新御絵図
（岡山大学附属図書池田文庫蔵）

も岡山藩領と鴨方藩領が入り混じるのは「紛敷《まぎらわしき》」（『撮要録★』）ため、領内の集中化を図った。その結果、岡山藩領と調整を行い、貞享年間に藩領を備中の窪屋・浅口・小田の三郡に集中させることとした。そのため、建前上、鴨方藩はすべて新田であるはずだが、実際には九千石あまりの本田分を領地とすることになった。
　貞享元年（一六八四）九月、鴨方藩に朱印状が下付された。

▼『撮要録』
岡山藩の在方支配にかかる法令や諸記録を編纂したもの。岡山藩政を知る基礎的資料。

鴨方藩の「独立」

　藩が成立しても、完全に岡山藩から独立したわけではなく、依存する状態は続いた。例えば、岡山藩では承応三年（一六五四）に「平均免」を取り入れた。これは、知行をもつ家臣（給人）が独自に税を徴収するのではなく、藩が領内をまとめて徴収する。その上で、藩が定めた割合分をそれぞれの知行高から計算して、知行物成として支給する制度である。家臣は一定の収入を確保できる一方、知行の恣意的な支配が不可能となった。この制度は、のちに成立する鴨方・生坂両分家でも適用されることとなり、年貢徴収は本家である岡山藩の指示で行われることとなった。実際には、両分家は、本家より領地高の「三ツ成」（三割）分が支給された。この割合はほかの岡山藩士と同様であった。

領地が集中され、貞享元年（一六八四）に朱印状が交付されると、生坂藩とともに領地の有免（年貢率）の収入分を支給されることになった。しかし岡山藩の財政難のため結局一年で取りやめとなり、再び三ツとなって、残りの税収は本家のものhttp://firestorage.jp/download/9469e448cabc48b4d97212e09d3ad04c1c19bd17となった。

宝永四年（一七〇七）には、村々の普請や樋橋の付け替えなどの費用、そして

鴨方藩主の公役

藩主	年	内 容
政言	天和元	関東下向の新院使烏丸前中納言を饗応
政倚	宝永4	仙洞使藤谷中納言を饗応
	宝永5	院・中宮両御所造営御手伝い
政方	延享2	准后使長谷三位を饗応
政香	宝暦12	勅使広橋大納言・姉小路大納言を饗応
政直	安永3	院使難波前中納言を饗応
	安永8	院使難波前中納言を饗応
	天明4	院使四辻前大納言を饗応
政義	享和1	院使平松宰相を饗応
政共		
政善	文政11	院使甘野大納言を饗応
	天保8	大宮使姉小路中納言を饗応
政詮	嘉永2	勅使三条大納言・坊城前大納言を饗応
	安政1	房総海岸に派兵（岡山藩に従う）
	文久2	岡山藩主池田茂政の名代で上京
	文久3	武州飛鳥山近傍非常警衛を命じられる
	元治1	鴨方に屯集（幕府の長州征伐にあわせ）
	明治1	池田茂政の名代として姫路出兵、上京

『鴨方町史』をもとに加筆・修正

それに関わる役人の取りまとめなどは岡山藩が取り仕切っていたことを理由に、村々の雑収入は岡山藩へ納めることにした。

同年、岡山藩は鴨方藩領である七島村・道越村・八重村（いずれも現在の岡山県浅口市）の三カ村が、家数が少ないため、夫役で「迷惑」しているということで、別家を増やすことを目的に、兄弟や子供が多い者で、家を分けたい者は願書を差し出すよう、岡山藩の郡奉行へ申渡している。

さらに、同五年には岡山藩から水溜桶《みずためおけ》（火の用心のために雨水を溜めておく桶）を用意して棟へ上げて水を溜め置くようにと領内の村々へ申し渡し、そのなかには、鴨方藩領である鴨方村も含まれていた。

こうした動きをみると、分家成立後も年貢の徴収から行政まで岡山藩が取りまとめていたことがわかる。

とはいえ、岡山藩としても、いつまでも鴨方藩が独立しないのは良くないと考えたのだろうか。転機となったのは宝永六年（一七〇九）で、鴨方藩の行財政機構が岡山藩から独立することとなった。そう考えると、宝永年間に岡山藩が出した法令は、鴨方藩が独立後にスムーズに領内を運営できることを念頭に置きながら発令されたものかもしれない。

幕府と鴨方藩

大名として独立した以上、鴨方藩主は幕府に対して役を負うことになった。参勤交代を行って岡山と江戸を行き来して、公役を務めなければならなかった。

公役の多くは、朝廷からの使節である勅使《ちょくし》や院使《いんし》を江戸で饗応する役割である。ほかにも二代藩主池田政倚《まさより》は院や中宮御所《ちゅうぐうごしょ》の造営手伝を行い、幕末では九代藩主政詮《まさのり》が海防のために房総海岸に兵を出し、本家の名代として上京することもあった。

江戸では独自に屋敷をもち、行事等で江戸城に登城する際には、石高の少ない大名が多く詰める柳間《やなぎのま》に詰めた。

ところで、鴨方藩の本家である岡山藩の藩主は、将軍家から「松平」を称することを許されたが、鴨方・生坂両分家は許されず、「池田」を名乗った。

鳥取藩では本家はもちろん、分家である東館藩と西館藩の当主も「松平」を称することができた。これはおそらく、同じ池田家でも鳥取藩の初代池田光仲の父忠雄が徳川家康の外孫であることも大きいのだろう。本家の格式が、そのまま分家の格式へも影響を及ぼしていた事例といえる。

④

歴代藩主の姿

鴨方藩藩主は、寛文十二年（一六七二）に初代政言が本家岡山藩から分知されて以降、明治四年（一八七一）に廃藩になるまで全十代を数えた。彼らはどのような活動を行い、またどのような人物だったのか。

初代政言

初代政言《まさこと》は正保二年（一六四五）、岡山で生まれた。父は池田光政で、兄はのちに岡山藩主となる池田綱政《つなまさ》である。生母は讃岐国《さぬき》丸亀《まるがめ》藩士水野助之進《みずのすけのしん》の娘という。養育は岡山藩の重臣である番和泉《ばんいずみ》が行った。

慶安二年（一六四九）、池田一門で家臣であった池田政信が後継ぎなく亡くなった。政信の父は池田輝政の庶子である利政であり、政信は光政の従兄弟にあたり、「信濃」と名乗っていた。光政は息子の政言に家督を継がせて信濃を名乗らせ、信濃家の家名存続を図るとともに、政言に五千石を与え、家老に次ぐ格式である番頭に命じた。池田一門とはいえ、信濃家は岡山藩の家臣筋である。この時点で政言は岡山藩の重臣となった。

しかし、政言はまだ五歳と幼少であった。そこで、光政は利政の母方の実家であり、これまで利政と政信を支えてきた安藤一族を岡山藩士に取り立てて、政言の組に加えるとともに、養育係の番和泉を後見に加えた。政言はのちに和泉の娘を妻とする。

寛文九年（一六六九）、政言は将軍徳川家綱に拝謁して、従五位下・信濃守を任ぜられた。このころから、光政は何らかの方法で政言・輝録兄弟の独立を想定していたのかもしれない。以降、鴨方藩主は「信濃守」もしくは「内匠頭《たくみのかみ》」を名乗ることが通例となる。

政言の石高は加増されて六千五百五十石となり、番頭ではなく家老に次ぐ格式に引き上げられた。寛文十二年（一六七二）に分家を許され、大名となった。貞享元年（一六八四）九月に将軍から領地を認める朱印状を交付された。

政言の評判は良かったようである。江戸時代前期から中期にかけての諸大名の「通信簿」として知られる『土芥寇讎記《どかいこうしゅうき》』★で、兄の綱政には「取るべき所なき愚闇之将」と手厳しい評価を下しているのに対し、弟の政言には「文武両道を学び」、「行跡正しく」、「誉の善将」とする。

綱政については、父光政と比べ後年まで評価が低かった。しかし、和歌や能を好み、岡山藩の大名庭園として名高い後楽園を岡山城下に整備するなど、文化的な素養をもつ大名として現代の視点からすると評価を見直すべきところが多い。

▼『土芥寇讎記』
江戸時代初期の書物。作者不明。全国諸大名の実態を述べたもので、作者の各大名への評価が記される。

あくまでも戦国時代の気風がまだ残っていた当時の理想の藩主像ではなかったということだろう。一方の政言は、当時の理想の藩主像だったといえようか。そのような二人だが、仲は良好だったらしく、綱政は政言のことを頼りにしていたという（倉地克直『池田綱政』）。元禄十三年（一七〇〇）に死去し、江戸高輪の東福寺に埋葬された。

二代政倚

二代政倚《まさより》は政言の嫡男で、元禄十三年（一七〇〇）に父の死去に伴い、家督を相続した。同年に従五位下・内匠頭を任ぜられる。

母は政言の側室だった浦上氏である。浦上氏は中世に備前国を領有していた守護、赤松氏を支える守護代だった家で、のちに岡山を代表する画家浦上玉堂を輩出する。

鴨方藩の財政はすでに厳しく、借銀を岡山藩に肩代わりしてもらい、増免（年貢率の増加）を岡山藩に認めてもらっていた。享保十八年（一七三三）と同十九年の領内の飢饉は政倚にとって最大の危機となったが、岡山藩と岡山藩の領民の協力で乗り切ることができたという。

本家との関係も悪くなく、岡山藩主池田綱政と親しく交際していた。さらに、

池田政倚墓

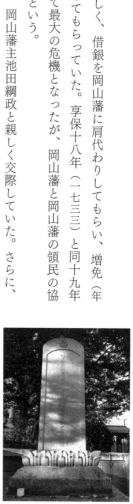

綱政やその子継政を支えた。宝永六年（一七〇九）には内裏造営の手伝いを幕府より命じられている。

政倚の正室は、岡山藩士滝川儀大夫《ぎだゆう》の娘で、池田綱政の養女である。しかし、跡継ぎに恵まれず、本家から養子を二人迎えたがいずれも病弱などが理由で、本家の判断で取りやめとなり、代わりに一門で旗本池田由道の次男政方《まさみち》を跡継ぎに迎えた。政方は池田恒興の嫡男だった元助の直系である。元助の子孫は岡山藩や鳥取藩の重臣となり、さらには池田家の縁戚である阿波藩蜂須賀《はちすか》家にも家老として迎え入れられるなど、その血を広めていった。四十年近く藩主の座にあり、元文三年（一七三八）に隠居し、家督を政方に譲った。政倚は、延享四年（一七四七）に七十九歳で岡山にて没した。墓は岡山市の国清寺にある。以降鴨方藩主の墓は国清寺に置かれた。

三代政方

政方は元文三年（一七三八）養父政倚の跡を継いで藩主となった。

元文四年（一七三九）に従五位下・信濃守に任ぜられる。延享二年（一七四五）に朝廷からの使節である准后★使長谷範昌《のりまさ》の饗応役を務めた。以降、鴨方藩主は朝廷からの使節の饗応を幕府より命じられる。

国清寺

▼准后
太皇大后・皇太后・皇后に准じた格式の者。准三宮・准三后ともいう。

宝暦十年（一七六〇）に長男の政香《まさか》に家督を譲った。以降大内記《だいないき》と名乗り、寛政三年（一七九一）に没するまで、三十年以上隠居生活を送った。

政方は、義父政倚と違い子宝に恵まれた。長男の政香と次男の政直が鴨方藩主となり、そのほか庶子は池田一門や他家の養子となった。このうち頼功《よりなり》は政方の実父実家の旗本新宮池田家の当主頼完《よりさだ》の養子となって、家督を相続した。

四代政香

政香は宝暦十年（一七六〇）に隠居した父の家督を相続し、翌年に従五位下・内匠頭を任ぜられた。

好学の人物として知られ、帰国中には岡山藩校に通った。

当初は松平信復《のぶなお》（三河国吉田藩主）の娘を正室としたが、明和三年（一七六六）に亡くなった。政香は一年間喪に服したあと、森俊春《もりとしはる》（播磨国三日月《みかづき》藩主）の娘を継室とした。家臣はほかに側室をもつことを薦めたが、政香は、側室をもつのはあくまでも跡継ぎがいない時だけに許されるもので、自らの欲のために置き、仮にその後その女性を他家に嫁に出すようになっては「不仁の至」であると否定的であった。背景には「貞婦二夫にまみえず」という当時の道徳観念が大きい一方、自らの欲を一方的に女性に向けることは間違っているという女性の立場を尊重しようとする姿勢をみることができる。

政香は、鴨方藩士である浦上兵右衛門と親しくした（義祖父で二代藩主政倚の母は浦上家の出身）。ある時、兵右衛門は政香に武備の充実を進言したが、政香はその必要性を認めつつも、家臣団のなかで窮乏している者を助けることが先であると述べた。そして、本家の初代池田光政の政治理念を受け継ぎ、治国安民を心がけようとした。

将来を嘱望された政香であるが、明和五年（一七六八）八月、二十八歳の若さで病死した。跡継ぎがいないことから、弟の政直が相続した。

政香は光政を崇敬し、明君の誉れが高かった。そのため、光政の諡である「烈公」をもとに、人々は政香を「今烈公」や「小烈公」と呼んだ。当時隠居していた元岡山藩主池田継政は、「内匠（政香）は尋常の人にあらず、用意万端及ばざること通し、誠に国宝と云ふべきなり」と高く評価したという。

政香死後、浦上兵右衛門は政香の言行録である『止仁録』をまとめた。兵右衛門はその後息子とともに脱藩し、浦上玉堂として活躍することとなる。

五代政直

政直は明和五年（一七六八）、兄の死去に伴い家督を相続し、同年に従五位下・

信濃守を任ぜられる。

　鴨方藩の財政は当初から窮乏していたことは先述の通りだが、政直の時代はいよいよ深刻化し、ついに岡山藩から財政管理を受けることになる。

　安永三年（一七七四）と同八年に院使難波宗城《むねき》、天明四年（一七八四）に院使四辻公亨《きんみち》の関東下向に伴う饗応を命じられた。公亨の嫡男公方は、池田政直の娘を妻に迎えていた。

　正室は毛利政苗《まさなり》（長門国清末藩主）の娘である。寛政十二年（一八〇〇）に隠居し、文政元年（一八一八）に死去した。

六代政養

　政養《まさよし》は寛政十二年（一八〇〇）、父政直の隠居に伴い、家督を相続し、同年従五位下・内匠頭を任ぜられた。正室は岡山藩主池田治政《はるまさ》の娘である。享和元年（一八〇一）に院使平松時政の関東下向に伴う饗応の役を務めた。

　政養の時代にも財政は好転せず、文化九年（一八一二）に岡山藩から銀五〇〇貫目の援助を受けた。しかし、たびたび無心する姿勢に岡山藩側の不満が募り、政養の義兄弟でもある岡山藩主池田斉政《なりまさ》から厳しい叱責を受けた。それは、生坂を含む両分家の存続にまで言及される厳しいものであった。文政二年（一八一九）

に死去した。

七代政共・八代政善

政共《まさとも》は、文政二年（一八一九）に父である政養の死去に伴い、家督を相続し、同六年（一八二三）に従五位下・信濃守に任ぜられる。しかし、相続してわずか五年で病没した。正室は松平忠馮《ただより》（肥前国島原藩主）の娘である。

政共には子供がおらず、弟の政広《まさひろ》が家督を継いだ。しかし、政広は病弱で、幕府にも届け出ず、弟とすり替わることになった。つまり、八代藩主は二人いることになる。すり替わった政広は、政善《まさよし》と名を改める。

政善の正室は、土佐藩山内家の分家山内豊敬《とよたか》の娘である。側室との間に庶子がいたが、病弱であることから、人吉《ひとよし》藩相良頼之《さがらよりゆき》の次男満次郎を養子に迎えた。相良頼之の祖父長寛が池田宗政《むねまさ》の次男であり、満次郎は他家からの養子であるものの、輝政や光政の直系にあたる。

政善は、文政十年（一八二七）に従五位下・信濃守に任ぜられた。さらに、文政十一年に院使日野大納言、そして天保八年（一八三七）の大宮使姉小路中納言の関東下向の際の饗応役を務めた。

九代政詮

池田満次郎は弘化四年（一八四七）に藩主となり、政詮《まさのり》と改名した。政詮の時代、日本は激動の時代へ入っていった。政詮は岡山藩主池田慶政《よしまさ》・茂政《もちまさ》の時代の二十一年間鴨方藩主として本家を支えた。政詮は尊王攘夷を主張し、尊王攘夷派が藩政を指導していた岡山藩内でも確固たる地位を築いていく。

明治元年（一八六八）、池田茂政が隠居すると、明治政府や岡山藩家臣団の要望、そして自らも願望があったのだろう、茂政の家督を相続し、最後の岡山藩主となった。正室は戸田氏正《うじまさ》（美濃国大垣藩主）の娘である。

十代政保

政保《まさやす》は明治元年（一八六八）、父政詮が岡山藩主となったことにあわせ、鴨方藩主を相続した。とかくこれまで岡山藩に依存することが多かった藩政だったが、家臣を鴨方に派遣して、自ら統治するなど藩政改革に努めた。

しかし、同二年（一八六九）の版籍奉還、そして同四年（一八七一）の廃藩置県を経て、鴨方藩は終焉を迎え、政保も東京に移住した。

池田家略系図2

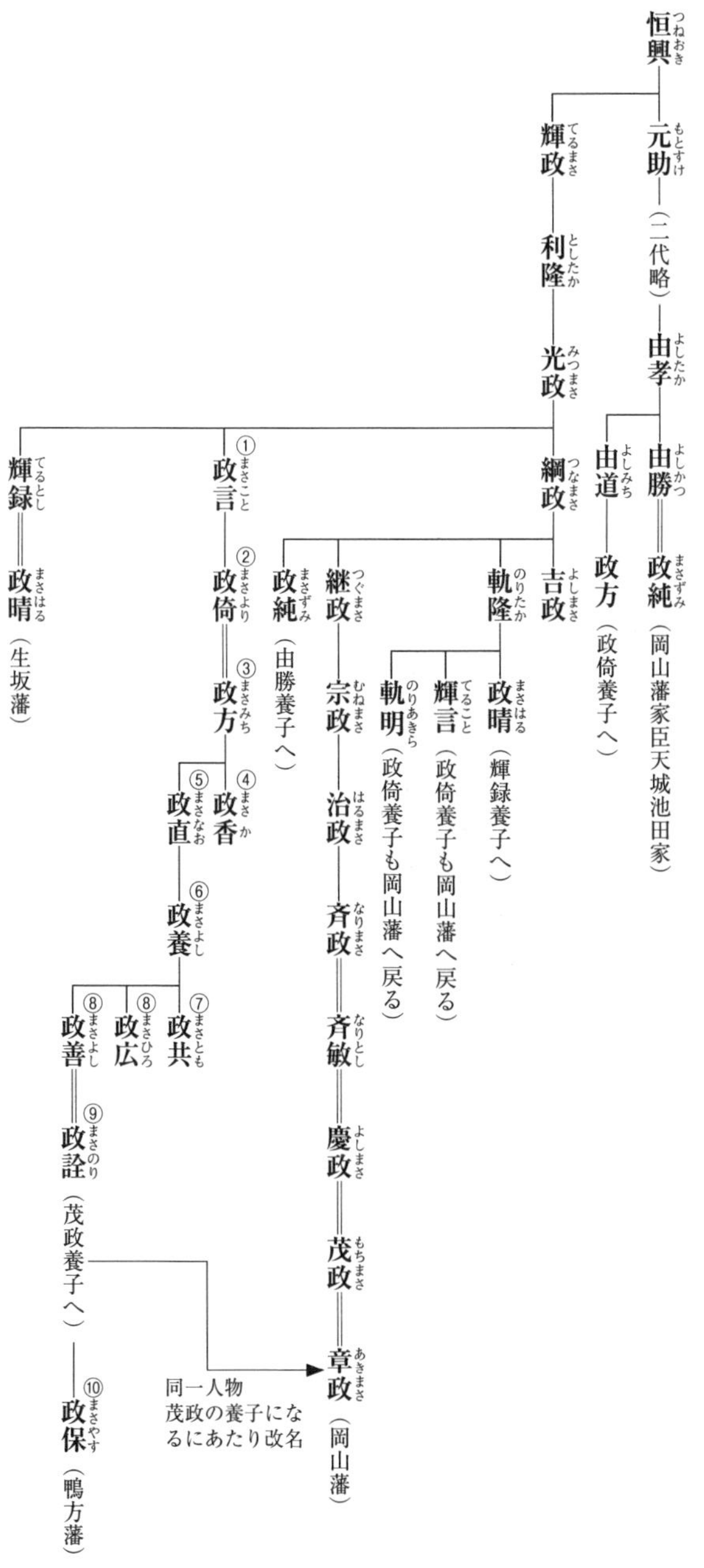
恒興《つねおき》
元助《もとすけ》
（二代略）
由孝《よしたか》
由勝《よしかつ》
政純《まさずみ》
（岡山藩家臣天城池田家）
由道《よしみち》
政方
（政倚養子へ）
輝政《てるまさ》
利隆《としたか》
光政《みつまさ》
綱政《つなまさ》
吉政《よしまさ》
軌隆《のりたか》
政晴《まさはる》
（輝録養子へ）
輝言《てること》
（政倚養子も岡山藩へ戻る）
軌明《のりあきら》
（政倚養子も岡山藩へ戻る）
継政《つぐまさ》
宗政《むねまさ》
治政《はるまさ》
斉政《なりまさ》
斉敏《なりとし》
慶政《よしまさ》
茂政《もちまさ》
章政《あきまさ》
（岡山藩）
政純《まさずみ》
（由勝養子へ）
①政言《まさこと》
②政倚《まさより》
③政方《まさみち》
④政香《まさか》
⑤政直《まさなお》
⑥政養《まさよし》
⑦政共《まさとも》
⑧政広《まさひろ》
⑧政善《まさよし》
⑨政詮《まさのり》
（茂政養子へ）
⑩政保《まさやす》
（鴨方藩）
同一人物
茂政の養子にな
るにあたり改名
輝録《てるとし》
政晴《まさはる》
（生坂藩）

これも鴨方

安倍晴明と鴨方

安倍晴明は平安時代中期の陰陽家（陰陽師）である。陰陽家とは、古代中国で誕生した陰陽五行説を起源として、呪術や占術の大系として日本で独自の発展を遂げた陰陽道を司る役目をもつ。晴明の名は、一時期陰陽師がブームになった際に映画やテレビ等で多く取り上げられたため、広く知られることになった。

晴明の実像はよくわからないところもあるが、賀茂忠行・保憲父子に陰陽・推算の術を学び、やがて天文博士となった。陰陽道を司る土御門家の祖ともいわれる。

多くの超人的な逸話を残し、精霊の力や天文の知識で事変を予見したともいわれる。花山天皇の譲位を予見したのはよく知られる。

安倍晴明墓

さて、晴明の伝説は東北から九州まで全国に残されているが、鴨方にも晴明の足跡が残されている。

鴨方町にある阿部山は、晴明が天体観測を行うため、居屋敷を設けたと伝わる場所である。「阿部」という名も晴明の苗字からとられたともいわれる。現在は晴明の居屋敷跡といわれる地に阿部神社が鎮守しており、晴明が祀られている。

また、鴨方町と同じく浅口市になる金光町には、占見という地名があり、何と晴明のものと伝わる墓がある。占見には晴明のライバルと目された芦屋道満の伝説も残り、彼のものと伝わる墓が晴明の墓からわずか数百メートルのところにある。

鴨方に晴明がいたのかどうか、そのまま史実と受け止めるのは難しいかもしれないが、晴明の名は古くから全国に知られており、様々な伝説が誕生していったと思われる。鴨方に残された晴明ゆかりの地もその傍証といえるだろう。

ちなみに、昭和三十五年（一九六〇）、鴨方町の竹林寺山に東京大学東京天文台の付属施設として岡山天体物理観測所が開所した。現在も国立天文台岡山天体物理観測所として使用されている。伝説が史実かどうかは別として、鴨方は昔から星を観測するのに適した場所だったのかもしれない。

晴明が天体観測を行ったと伝わる地で、今も多くの研究者が天体観測を続けている。縁というべきだろう。

第二章　藩政の展開　鴨方藩の治世の実態と藩主の実像

本家岡山藩の協力を受けながら、鴨方藩政は運営された。

鴨方藩陣屋跡（浅口市教育委員会提供）

①鴨方藩の支配機構

立藩後、鴨方藩はどのように領内を統治したのか。
領内には簡素な御用場が置かれてはいたが、実際には、
岡山藩の援助なしには成り立たないのが実情であり、家臣団構成も簡素なものであった。

鴨方藩での牢舎入り

鴨方藩の支配を紹介する前に、一つ事例を紹介したい。岡山藩の『藩法集★』には、享保五年（一七二〇）に、鴨方藩で奉公していた領民が不届きということで罰を受けたことの事例が紹介されている。

概要を紹介すると、御野郡の西川原村の源介という者が、鴨方藩に武家奉公人として雑役をこなす小人《こびと》として奉公した際に、不届きがあったということで、鴨方藩領内で牢舎入りを命じられた。そこで、鴨方藩から岡山藩の郡奉行へその旨の届が出され、岡山藩で評定を行った結果、源介を村方帳面（村の家や人、馬の数などを記した人馬帳のようなものか）から外すこととなった。この旨は鴨方藩に郡奉行から伝達された。

▼『藩法集』
藩法研究会編。岡山藩や鳥取藩など藩ごとの法令を取りまとめたもの。

岡山藩領の者であれば、帳面を外すことはないが、源介は鴨方藩の領内にて牢舎入りを命じられたため、外すこととなった。他領にて同様のことがあれば、もちろん帳面外しをするということになった。

この事例からは次の二点がわかる。第一に鴨方藩領に牢舎があり、鴨方藩の判断で入牢させていることから、岡山藩とは独自に裁判権を有していたこと。第二に、岡山藩領内で罪を受けて牢舎に入ることになった者は、村方の帳面から外す必要はないが、鴨方藩領や他領ならば削除しなければならない。すなわち、鴨方藩領は原則として岡山藩領とは別の領地であると認識されていたということになる。ただし、鴨方藩が完全に岡山藩から独立し、自らの領地を独自に支配していたとはいい難い。

では、鴨方藩はどうやって領内を支配していたのだろうか。

鴨方に置かれた陣屋

鴨方藩は城をもたず、また長らく領内に陣屋を置いていなかった。藩主は在国中には岡山城下で暮らし、家臣団の屋敷も岡山城下にあった。鴨方村には政務を行う「御用場」を設けていただけである。

幕末になって、軍事訓練と兵士の宿舎として御用場に隣接して陣屋が設立された。明治七年（一八七四）の記録によると、陣屋（ここでは御用場を指すと思われる）の建坪は三七坪である。正面に長屋門《ながやもん》（長屋と門が連結する）があり、これが表門である。その北側に「御屋敷」とされる、館に相当する中二階の本瓦葺の建物がある。さらにその北に「吟味場」である長屋がある。裁判や藩政にかかる取りまとめを行った場所だろう。館の西側に御囲米の蔵や脇門、厩や牢屋も置かれていた。

それにしても、二万五千石の大名の本拠地としては随分簡素であるといえる。いくら幕末に軍事訓練ができる「陣屋」が新たに造営されたとはいえ、それでも小ぶりであったことは否めない。本来在国中に陣屋に詰めるはずの鴨方藩主は岡山城下におり、家臣団の多くも同じく岡山城下に屋敷を構えているとなれば、この程度で事足りたというべきだろうか。実際、公務で鴨方藩主が鴨方に来訪しても、御用場や陣屋ではなく、鴨方村内の本陣に宿泊していた。宿泊した高戸家の建物は現存し、現在岡山県内でもっとも古い江戸時代前期の町屋建物として、岡山県指定重要文化財に指定され、見学することもできる。

鴨方藩領の事件簿

実際に、鴨方藩はどのように罪人を取り調べ、刑を執行していたのだろうか。

天保六年（一八三五）六月、鴨方藩は幕府の若年寄に対して、藩主は本家である岡山藩の岡山城下に住み、自らの領内には陣屋もなく、刑を執行する仕置場もないということで、重罪人の処刑は岡山藩の仕置場で執行することの是非を尋ねて、了解を得ている。

実例を一つ紹介しよう。鴨方藩が幕府に問い合わせる前年の天保五年（一八三四）十二月、鴨方村にある在城院《ざいじょういん》の庵が焼失し、庵守も焼死した。その後同村に住む忠吉が怪しいということになり、同村で捕らえられた。鴨方藩の郡目付役が調査を進めたところ、忠吉の罪状が明るみになっていった。そこで、天保六年八月、鴨方藩の附人である片山勘助より岡山藩に対し、岡山藩郡方の牢長屋へ入れ、あわせて取り調べを進めてもらうよう依頼した。

同年十月二十四日、岡山藩の郡会所で取り調べが行われ、片山勘助とともに郡奉行の三沢与兵衛と郡目付の斉藤徳右衛門が出席した。その結果、忠吉は在城院に忍び込み、衣類などを盗み、庵守を殺害して隠したこと、さらに、盗んだものは売り払って博奕に使い、庵を燃やして庵守が焼死したように偽装したことを白状した。

忠吉はその後鴨方藩にて牢に入れられ、翌四月二十七日、鴨方で磔《はりつけ》となった。処刑にあたっては、郡日付の斉藤徳右衛門が岡山藩に掛け合いながら、処刑執行人の手配なども含め鴨方藩で執行したようである。

このようにみると、鴨方藩が必ずしも岡山藩の仕置場で執行していたわけではないが、岡山藩の牢や郡会所で取り調べを行うといったように、岡山藩の協力を得ながら進めていたようだ（『藩法集』）。

岡山屋敷と江戸屋敷

岡山城下での鴨方藩屋敷は、天神山★（現在の岡山市北区天神町）に置かれていた。もともと寛文二年（一六六二）から岡山藩の「役介人」として、岡山藩主池田光政の援助のもと岡山城下で暮らすことになった榊原香庵《さかきばらこうあん》★の住居だった場所である。寛文七年に香庵が病死すると、のちに鴨方藩主となる池田政言が屋敷として拝領した。その後も岡山藩士の屋敷を譲り受け、周辺の神社を別の場所に移しながら、鴨方藩邸の屋敷としての拡張が行われていたようである。

鴨方藩屋敷はもう一つ、旭川沿いの網浜《あみはま》に下屋敷があったが、分割して鴨方と生坂両分家の下屋敷となった。

鴨方藩主は参勤交代を行うので、屋敷は当然江戸にもあった。江戸での屋敷は多少変更がある。『新修倉敷市史』を参照に振り返ってみよう。

延宝六年（一六七八）以降、岡山藩から大名小路前邸（現在の東京都千代田区）を生坂藩とともに借りる。

天和二年（一六八二）、土器町《かわらけまち》邸（現在の東京都港区）の一部を岡山藩から拝借し、

▼天神山
天満天神がまつられていたことから付いた名前とされる。鴨方藩庁以外にも岡山藩の郡会所も置かれていた。

▼榊原香庵
名は勝政。徳川四天王の一人榊原康政の孫。旗本であったが、遁世し、高野山で剃髪した。晩年、従兄弟の池田光政の招きで岡山へ移った。

館・長屋・土蔵など、建造物は岡山藩が造成した。しかし、土器町邸は造成直後に焼失した。そのため、岡山藩から鳥越邸（現在の東京都浅草区）を借りざるをえなかった。元禄九年（一六九六）に岡山藩から鳥越邸を譲り受け、享保二年（一七一七）に幕府に認められて、正式に拝領屋敷となった（『新修倉敷市史』近世上）。

屋敷は岡山藩から拝借したりもしくは造成してもらったりと、援助を受けていることがわかる。完全に自立することは難しかったのである。

家臣団の編成

次に家臣団についてみていこう。鴨方藩創設にあたり、それまでの池田信濃家の家士だけでは到底足りないので、本家である岡山藩である藩士から「人分け」が行われた。

岡山藩では、有力な家臣に配下を付ける「組」を組織していた。付けられた家臣を「組士《くみし》」という。政言も光政の実子であるとはいえ、池田信濃家を継承した有力な家臣であったことから、組士が配属されていた。しかし、人分けは、池田信濃組の組士ではなく、むしろほかの組に配属されていた家臣から行われたようである。いくら組で配下であったとはいえ、本来は同様に岡山藩の家臣であったことから、のちに禍根を残さないための配慮だろうか。

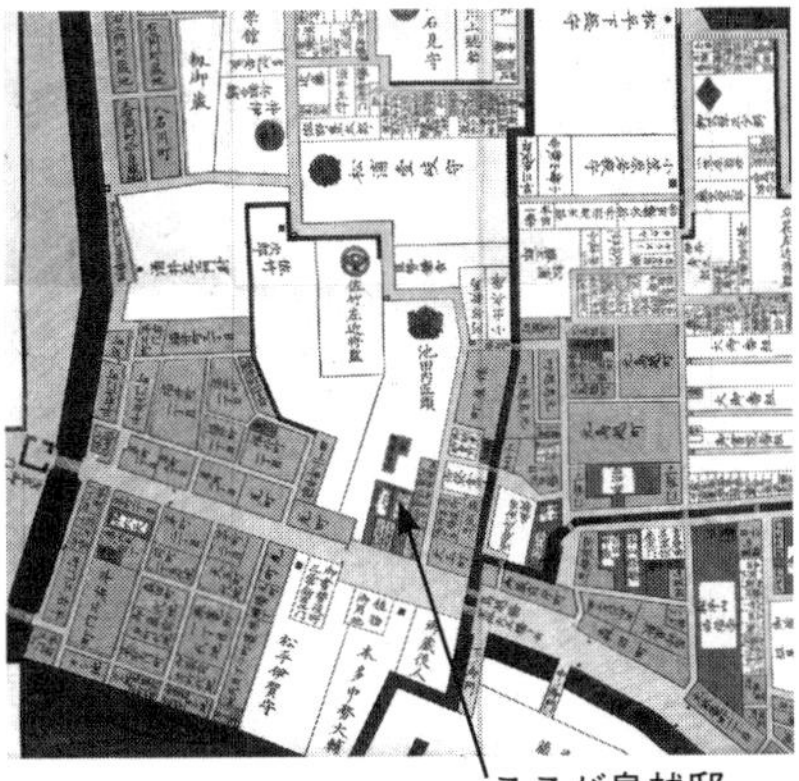
ここが鳥越邸

切絵図
（国立国会図書館蔵）

例外として都志《ずし》源右衛門がいる。彼は地方巧者であり、その力を光政が見込んで政言に付けたとも、あるいは光政子の綱政ら岡山藩の首脳陣が光政の信頼厚い彼を遠ざけたとの見方もある（『鴨方町史』）。

しかしながら、人分けをされた当人からすれば、大藩から分家大名の家臣に「出向」するということで、不満をもつ者も少なからずいたようである。岡山藩に仕えた学者熊沢蕃山は、生坂藩池田家の当主池田輝録《てるとし》に対し、「（本家より）分けて分家の家臣になった者はもともと（輝録と）朋輩です。大家である岡山藩から小家である生坂藩に移るので、少々の加増程度では内心迷惑なことでしょうから、少将様（岡山藩主池田綱政の官職）の家老に対して仰せになるような言葉使いで接してください」と指摘している。鴨方藩でも同様であっただろう。

ちなみに都志は数年後、岡山藩領が深刻な飢饉に陥った際に、本家の藩政に助言を行い、綱政にその力量が認められて、政言の承諾のもと二・三年という期限付きで延宝三年（一六七五）に岡山藩へ戻った。同六年（一六七八）、鴨方藩に戻る前に病死した。

鴨方藩家臣団の構成

もう少し鴨方藩の家臣団構成について触れていこう。

嘉永5年　鴨方藩池田家家中分限帳

役　職	名　前	石　高	役　職	名　前	石　高
家老	水野助太夫	350石	頭分	和気長之丞	80石
中老・小仕置	山羽佐平治	220石		長谷川平太郎	30俵4人扶持
小仕置格	内田源八郎	160石		斎藤平次郎	33俵4人扶持
	丹沢藤右衛門	150石		岡野仲右ヱ門	40俵4人扶持
物頭	佐野貞蔵	100石	頭分末席・中老並小仕置隠居・物頭隠居	福田笑右衛門	
	阿部平介	120石		丹羽安右衛門	
	浦上兵右衛門	80石		和気　某	
	河合弥右ヱ門	100石	給人　御近習	福田与右衛門	100石
	山田弥六	120石		土方治三郎	100石
	喜田治介	120石		浅津三太夫	130石
	吉田直三郎	120石	同次席・物頭嫡子御側被召出席	村下平九郎	20俵3人扶持
	磯田郡次兵衛	100石			
	村下平左衛門	90石	給人	丹羽清太夫	120石
	松原平太夫	100石		佐藤清之介	100石
	青木三郎兵衛	100石		西郡雄之進	100石
物頭末席	山羽門之介	3人扶持	物頭嫡子御広間被召出席・給人格	皆田善三郎	38俵3人扶持
頭分	下濃喜兵衛	30俵3人扶持		斎藤沢右ヱ門	30俵3人扶持
	田上紋太夫	42俵		真田左九郎	25俵半
	国枝茂太夫	39俵3人扶持		万代勘左衛門	30俵3人扶持
	寺西紋三衛門	35俵3人扶持		片山繁治	37俵3人扶持
	藤村重右衛門	50俵3人扶持		沢田舘兵衛	35俵3人扶持
	岸重次兵衛	38俵3人扶持	小納戸	阿部右源太	35俵3人扶持
	三沢庫太	35俵3人扶持		飯河平八郎	25俵3人扶持
	清水善介	100石		矢吹量之進	38俵3人扶持
	阿部藤兵衛	30俵3人扶持	以下省略		
	青山左源太	40俵3人扶持			

(『鴨方町誌』より)

『鴨方町誌』では、嘉永五年（一八五二）の鴨方藩士の家臣団構成が記載されている。本家である岡山藩の家老クラスになると、一万石を超える家も存在したが、鴨方藩では家老水野助太夫ですら三百五十石である。

また、磯田道史氏によると鴨方藩士は禄高によって三つの階層に分類することができた。まず、「士分」と「徒《かち》」の二つに分類することが可能であり、おおむね四十二石以上が「士分」でそれ未満になると「徒」と呼ばれた。さらに「士分」は八十石以上だと給人《きゅうにん》と呼ばれていた。幕末では、給人が二三家、士分が九四家、徒・軽輩が一三四家であり、家禄が少ない家が圧倒的に多かった。

給人と呼ばれる上級藩士では、岡山藩や他藩の藩士の家との婚姻が多い。中《ちゅう》間《かん》層では藩内婚が多くなり、岡山藩や同じく分家だった生坂池田家の家臣と婚姻を結んでいる。さらに、「徒」の身分となると、農民の娘との婚姻が一般的となる。家臣団のなかでも格式によって交流範囲がかなり異なったのだろう（磯田道史『近世大名家臣団の社会構造』）。

次に職制であるが、鴨方藩は本家である岡山藩を模したものであった。ただし、石高は少ないし、かなり簡素化されたものだったといえる。

家老を筆頭として、主要な役職として中老《ちゅうろう》・小仕置《こしおき》・郡代《ぐんだい》・判形《はんぎょう》・大目付《おおめつけ》といった名前が確認できる。

中老は重臣として家老を支える役である。小仕置は家老・中老の下で藩政を取りまとめる用人である。郡代は領内の村々をとりまとめる。判形は勘定奉行として鴨方藩の財政を取りまとめ、大目付は藩士を取りまとめる。

鴨方藩士は、領地は当然ながら鴨方藩内に有していた。参考に幕末の給人と村の内訳をみていこう。一村を複数の家臣で領有していることがわかる。これを相給という。

しかし、江戸時代の家臣と領民の関係は藩によっても異なるが、家臣が領民を直接支配するのではなく、あくまでも藩機構で管理する形式を取るため、問題にはならなかったようである。

鴨方藩給人・給地一覧

給人名	知行高	給地村（石）
水野助太夫	350	六条院西村（150）、小坂東村（100）、笹沖村（100）
山羽佐平治	220	小坂西村（100）、口林村（80）、吉岡村（80）
内田源八郎	160	尾坂村（40）、小坂西村（80）、福井村（40）
丹沢清太夫	150	六条院東村（80）、四十瀬新田（40）、伯楽市新田（50）
丹羽清太夫	140	口林村（80）、伯楽市新田（60）
阿部平介	120	東大島村（40）、沢田村（40）、伯楽市新田（20）
喜多治介	120	口林村（50）、池口村（20）、笹沖村（50）
喜田直三郎	120	口林村（40）、池口村（20）、笹沖村（30）
山田弥六	120	池口村（50）、四十瀬村（70）
西郡雄之進	100	西大島村（60）、小坂東村（40）
佐藤清之介	100	六条院中村（50）、笹沖村（50）
松原平太夫	100	六条院東村（50）、伯楽市新田（50）
佐野貞蔵	100	本庄村（60）、福井村（40）
清水善介	100	小坂西村（40）、四十瀬村（60）
土方治三郎	100	口林村（50）、福井村（50）
青木三郎兵衛	100	池口村（50）、伯楽市新田（50）
河合弥右衛門	100	西村島村（40）、六条院西村（60）
村下平九郎	90	沢田村（40）、笹沖村（50）
浦上兵右衛門	80	西大島村（40）、小坂西村（40）
磯田郡治兵衛	80	六条院西村（40）、小坂西村（40）
和気治郎右衛門	80	六条院西村（40）、伯楽市新田（40）
福岡幸次郎	70	東大島村（40）、小坂東村（30）
浅俵　与太夫	70	口林村（70）

（『鴨方町史』より）

附人

家臣団が成立してからも、本家である岡山藩からは、「附人《つけびと》」と呼ばれる家臣が送り出されて様々な役職を務めていた。もっとも、元禄から宝永年間（一六八八～一七一一）にかけて附人を本家に戻す動きがみられたという。これは、分家側が厳しい財政状況で、附人へ与える領地を節約する意味もあっただろうが、分家側の独立を促す狙いがあったとも考えられている（『新修倉敷市史』近世上）。ただし、宝暦期（一七五一～一七六四）以降についても必ず一人を付けるようになる。そして、附人は鴨方藩で家老に就任する格式が成立する。鴨方藩側では「付家老」とも呼ばれた。

なかには片山家や田口家のように何度も附人を出した家もある。特に片山家は岡山藩でおおむね二百五十石から三百五十石を領していた家で、鴨方藩と生坂藩両方の附人を経験していた。各家が代を経て培った経験と先例がものをいったのではなかろうか（『新修倉敷市史』近世上）。

奉公人の取立て

藩政運営は藩士だけではなく、彼らを支える奉公人がいてこそ、成り立つものである。

鴨方藩では自身の領地だけでは補充することができなかったようで、本家の岡山藩領からも召し抱えていた。

宝永五年（一七〇八）、鴨方藩が江戸へ連れていく小人を召し抱えるため、岡山藩の郡代へ申し込んでいる事例が確認できる。

しかし、なかなか人が集まらず苦労したようだ。以前にも小人を集める際に、岡山藩領の村側の言い分として、「御切米《おきりまい》★御定めの通りではなかなか納得」できないということで、消極的であった。要は給料が少ないということだ。そこで、藩の提示する切米と希望者の求める切米の差額を村が支給することにしたが、これでは村の負担が大きく、結局は村側が迷惑し、小人を集めるのが難しくなった。とはいえ、鴨方藩も人員が不足すると困るので、「早々郡奉行中へ申し聞かせて、御書付を下して御切米にて申し出る者がいたら、早々に御屋鋪御小人作廻の衆中へ参るように申し渡し」ている（『藩法集』）。

前述の享保五年（一七二〇）に鴨方藩に仕えていた御野郡西川原村の源介が罰せられた件では、源介は岡山藩領から召し抱えられていた。このように、鴨方藩の奉公人は、自領だけでなく、岡山藩領から広く取り立てられており、別の藩と認識されながらも、岡山藩と鴨方藩の垣根は低いものだったのだろう。

▼御切米
直接、領主の蔵米から支給される米または切手（預かり証）。領地をもたない武士などが対象になることが多い。

鴨方藩領の新田開発

江戸時代は大規模開発の時代である。日本全国で開墾が行われ、多くの新田が整備された。備中国でも同様である。水島灘（現在の岡山県南部）に注がれる高梁川《たかはしがわ》の河口には阿知潟《あちがた》と呼ばれる広大な干潟が存在した。近世以前より阿知潟の開発は行われていたが、岡山藩も積極的に開発を進め、高梁川沿いに堤を築き、海水の流入を防ぐための潮止め堤防を整備して、阿知潟南部に新田を開発した。元和年間（一六一五〜一六二四）には白楽市《ばくろいち》新田が、寛永年間（一六二四〜一六四四）には四十瀬《しじゅうせ》新田や篠沖《ささおき》（笹沖）新田、埋川《うめかわ》新田、福井新田そして吉岡新田が誕生し、のちに鴨方藩領になる。

民間の力も積極的に活用され、阿知《あち》村（現岡山市か）の豪農である萱野《かやの》七郎左衛門の請負で新田開発が進み、寛永六年に完成。開拓地は当初、萱新田とも呼ばれ、のちに開拓地は西阿知新田村となり、鴨方藩領となる。鴨方藩時代の、正徳三年（一七一三）に西大島村に大坂商人の資本を投入して新田開発が計画され、享保十年（一七二五）にようやく認可が下り、享保十五年に西大島新田が開かれた。同じく海岸にある寄島でも断続的に干拓が進められ、天明三年（一七八三）には大坂商人の紀伊国屋喜平が請け負い、田畑や塩田の開発が行われた。

◇2 村の運営機構

岡山藩の協力を得ていたとはいえ、鴨方藩の脆弱な支配機構では多様性のある村々を管理することは困難であった。そこで頼りにされるのはほかでもない支配される側の村の人々である。もっとも、その運営機構も岡山藩の制度を踏襲して整備された。

運営機構の変遷

鴨方藩の地方支配の拠点は、鴨方村にあった御用場である。村を支配する藩役人は頂点に郡代が置かれ、郡奉行—代官（郡代官）—郡目付という命令系統になっていた。事実上の陣屋町である鴨方村には町奉行も配された。

これらは、本家である岡山藩に準ずる制度である。郡代は一人か二人、郡奉行はそれぞれの郡に置かれた。代官や郡目付もそれぞれ一人程度しか置かれていないようで、これだけでは到底人手不足であった。

そもそも、近世社会は鴨方藩や岡山藩に限らず、領民に村や町の運営を任せていた。岡山藩や鴨方藩では、地方支配に携わる者として、十村肝煎《とむらきもいり》という役目で、地域農民の有力者が任命された。藩の命令を領民に伝え、逆に領民からの届けを藩に届ける役割である。

天和二年（一六八二）に十村肝煎は廃止され、肝煎と下肝煎に変わった。さらに、宝永六年（一七〇九）には肝煎と下肝煎も廃止になり、口林《くちばやし》村の肝煎だった田中九右衛門、道越《みちごえ》村の肝煎大嶋多兵衛、小坂東《こさかひがし》村の下肝煎の河田小兵衛の三人が大庄屋に命じられた。以後、複数の村から一人が選任される大庄屋《おおじょうや》制度が設けられた。さらに、大庄屋の下にはそれぞれの村で村方三役と呼ばれる村役人が組織された。

これらは本来岡山藩の制度である。大庄屋制度についても、もとは岡山藩が設けていたものであったが、池田光政が一度廃止し、宝永四年（一七〇七）に再開されたものである。鴨方藩が岡山藩の制度を踏襲していたことがよくわかる事例といえる。

それではもう少し各役職についてみていこう。

大庄屋

大庄屋は鴨方藩の役人の推挙で任命される。村々を統率する役で、地域を指導する豪農が選ばれた。特に鴨方藩成立直後は、戦国時代に国人《こくじん》として戦場で活躍した地侍で江戸時代に入って帰農した家柄の者などが選ばれていた。田中九右衛門や大嶋多兵衛、河田小兵衛などは鴨山城主細川氏の家臣で、細川家が主君の毛利家に随って長州に移った際に鴨方に残った者たちの末裔である。この点は彼らの下で働いた村役人も同様であった。

大庄屋制度では組を設け、その下に村々が配属される制度となっていた。組名は大庄屋が居住する村名が付けられる仕組みであったから、大庄屋が交代すると、当然組名も変化した。また、村々の構成は時代によって異なっていたが、鴨方藩では組の数は三つと固定されていた、そのため、大庄屋は常時三人いたことになる。

以後、同制度は大きく変わることなく続けられていたが、幕末の慶応年間（一八六五〜一八六八）になって組が固定され、名称も大庄屋と関係なく固定化されることとなった。この際、組も従来の三つから四つに組みなおしが図られ、大庄屋も四人となった。もっとも、その後明治維新が起こり、版籍奉還を経て、明治三年（一八七〇）には大里正と改称され、さらに明治五年（一八七二）には大里正も廃止されたから、十年に満たない運用にすぎなかった。

大庄屋の仕事は、主要なものは組下の村々の指導を行うものである。具体的には、村方三役（名主・五人組頭・判頭《はんがしら》）を指導し、村の運営が潤滑に進むよう監督して、村人が農業に出精できるよう場合によって支援を行う。必要に応じて、村の救恤を鴨方藩の役人に取り次ぐこともある。享保の大飢饉の際に、鴨方藩が岡山藩に倣って領内に「育麦蔵《そだてむぎくら》」と呼ばれる麦を保管する義倉★を設けた時には、大庄屋が管理を行った。

そのほかにも、村々の用水や道の管理、宗門改めの指揮など仕事は多岐にわたる。

これだけの職務を鴨方藩は彼らを無給で行わせていたわけではない。大庄屋は宝永六年（一七〇九）、給米が二〇俵のほか、持高五十石まで高掛り（※石高により、年貢以外に割り当てられる税）が免除された。この制度は翌年になくなったが、代わりに給米が三〇俵となった。ただし、藩財政の悪化などで減額されることもしばしばであったという。

また、大庄屋には藩により苗字帯刀が許される者が多かった。さらに、慶応三年（一八六七）には鴨方村の高戸伊之丞や西大島村の服部善平が大庄屋格に任命されるなど、必要に応じて大庄屋を補佐する人材の登用が図られた。

村方三役

次に、大庄屋の下で働く村方三役を取り上げよう。当初、三役は庄屋・年寄・五人組頭と名乗っていたが、元禄二年（一六八九）に岡山藩にそって名主・五人組頭（組頭）・判頭と改めた。明治維新を迎えたのちの明治三年（一八七〇）にな

▼義倉
幕府や藩が、災害や飢饉など非常時に備えて、あらかじめ穀類を貯蓄した倉。豪農など有力者が寄付をすることが多かった。

って、名主は里正、組頭は目代《もくだい》、判頭は甲長《こうちょう》と改めた。

名主（庄屋）は村政全般を担う村のトップである。もともと村の有力者で、戦国時代に細川氏に仕えた地侍などの末裔が帰農して任命された者が多い。

元禄以降、村内の本百姓の入札《いれふだ》（投票）を行い、鴨方藩役人の郡目付の立会いのもと開票され、最多投票者が任命されることとなった。実際は入札制度導入後も有力な農民が選ばれるため、結果的に名主を世襲する家も多かった（『鴨方町史』）が、それでもある程度の民主主義的な制度が取り入れられたことは評価すべきである。

近世後期になると、全国の村落で従来の豪農が没落する一方、比較的身分の低かった者が自らの才能で出世して活躍する事例が増えた。鴨方藩領でも同様の事例がみられ、藩では新たな家柄から名主の就任を認めるとともに、幕末には名主を一村につき二人に増員して、村落の安定化を図ることとした。

名主は、大庄屋を支えるとともに、村政全般の実務に携わった。年貢の各村人への割り振りや、人馬帳の管理、用水の管理、治安の維持、村人の指導まで多様な仕事をこなした。時に、村の代表として他村との折衝も行う必要もあった。

名主には大庄屋同様給金が支払われ、村高（正確には残地高）から計算し、百石につき二斗の割合で支給されていた。また、三十石の高掛り免除が認められていた（『鴨方町史』）。

五人組頭（年寄）は、名主の補佐役である。各村によって一人〜五人と差がみられる。藩からの給金はなかったが、十五石の高掛り免除が認められていた。

判頭（五人組頭）は村民の代表者として、年貢の割り当ての確認や名主や五人組頭が行う業務の監視役も担っていた。およそ二〇戸に一人ともいわれるが、実際にはもっと多く任命されていたらしい。彼らには特に何かの特権はなかった。

なお、村方三役の下に保頭《ほうとう》と呼ばれる制度があった。村ごとに一人から二人が任命され、村役人の業務を支えて、給田（保頭給田）が与えられた。

3

鴨方藩の年貢

岡山藩の支援を多分に受けていたとはいえ、鴨方藩の主な収入は自領の年貢である。鴨方藩の年貢制度は岡山藩の制度を踏襲したもの。田畑にランクを設けた上で、様々な種類の税が定められていた。

検地と田畑の等級

支配者にとって、年貢量を確保するために領内の田畑にどれだけの収穫があるかを知ることは重要であった。そのため何度も検地が行われている。鴨方藩域でも幾度か行われている。例えば、鴨方藩立藩の前、元和二年（一六一六）から同七年にかけて、岡山藩主池田忠雄は検地を行っている。この時、岡山藩では田畑とも「上」・「中」・「下」・「下々」という等級を設けた。

さらに、忠雄死後に藩主となった光政が、寛文十年（一六七〇）から翌年にかけて寛文検地を行った。これは光政が致仕したことに伴い、政言が領地を受け継ぐ前年・前々年のことである。おそらく、分家創出に対する準備という意味合いも含まれていたのだろう。

光政は、池敷《いけしき》（造成した池に沈んだ田畑）、溝代《みぞしろ》（用水路の溝の造成のためになくなった田畑）、川成《かわなり》（川になった田畑）を調査し、発《おこし》として、一度荒廃した田畑を再開したものや、開《ひらき》（新田畑）を確認したのである。さらに、これまでの畑の等級からさらに下位に相当する、「印下々畠《いんげげはた》」と「又印下々畠《またいんげげはた》」を設定した。そのため、元和検地よりも畑の石高が下がった村もあった（大嶋西村）。これは田でも同様で、「又印下々田」や「又々印下々田」などが設定されたようである（『鴨方町史』）。現状に即したもので、単純に年貢の増収を狙ったものではないのだろう。

鴨方藩立藩以降はどうであろうか。幕府は正保・元禄・天保年間に検地を行い、絵図を作成している。しかし、これは略式のものであった。

鴨方藩独自に行っているものは、「発《おこし》」と「開《ひらき》」の田畑に対する検地である。「発（発返または起返とも）」は岡山藩時代と同様、「永荒田《えいこうでん》」という、文字通り田として使えず年貢の対象外となった地を再開発することである。

鴨方藩の税の種類

鴨方藩の免（税率）は、岡山藩が導入した「根取法」を採用し、各田畑で一筆ごとに免が定められていた。つまり、田畑を上・中・下といったランクに分けて、それぞれの税率を定めて物成を課した。一度決めた免は原則として固定されるが、凶作の年には作物の生育状況を役人が調査する検見《けみ》を行って減免をしていたようだ。また、ランクの数も村ごとに異なっていた。村ごとの実情にあわせて免を定めていたのだろう。

税制についても、鴨方藩は岡山藩の制度をほぼ踏襲していた。田畑や屋敷に賦課する「物成《ものなり》」を中心に、付加税として「高掛物」として領民が負担する労働課役である夫役《ぶやく》の代わりに賦した「夫米《ぶまい》」、郡奉行などの経費となる「口米《くちまい》」、軍馬の飼料代にあてる「糠藁代《ぬかわらだい》」が村に課税された。この四種の税を合わせて「定米」と呼ぶ。

これ以外にも、小物成として、「万請代《よろずうけしろ》」「運上《うんじょう》」（鴨方藩領では「山運上」が大勢）に掛けられた。

物成については、元来の「村高」に新たに開発によって増加した分の「又高《まただか》」を足した「二口高《ふたくちだか》」から、「万引高《よろずひきだか》」といって荒地となった石高を引いた「残《のこり》高《だか》」が算定基準となる。ここから田と畑に分けて税が定められる。さらに「樋《ひ》守《もり》」や「山守《やまもり》」といった樋や山を管理するための費用や寺の領地、そして、当年に荒れ地となった田畑なども差し引かれる。これを「残物成」という。

「残物成」の六パーセントが「夫米」、二パーセントが「口米」、〇・六〇五パーセントが「糠藁代」となる。

興味深いのは税率で、鴨方藩の年貢徴収額は低く設定されていた。例えば明治元年（一八六八）には、鴨方藩全体の残高である約二万四千百八十石のうち、残物成は約八千八百三十四石であり、その割合が三六・五パーセントにとどまる（『鴨方町史』）。

これは、単に税率が低いのではない。鴨方藩の朱印高である二万五千石に対し、実際の石高である実高は一万八千石程度だったと考えられる。そのため、実際の税率は五割程度だったと考えられている。本家である岡山藩も五割から六割と考えられており、ほぼ同額といえるだろう。

年貢は岡山城下へ

鴨方藩そして生坂藩の年貢米は岡山藩の家臣団同様、岡山藩が管理し、岡山藩の蔵へ納めていた。

鴨方藩領の年貢米は、海路で岡山まで運ばれた。貞享四年（一六八七）、鴨方藩の年貢米を載せて浅口郡から出航した船が海上で嵐に遭遇し、船が破損して一五〇俵あまりが海に落ちてしまった。そのため、濡れた米を干したうえで、岡山藩の蔵に入れることになった。海中に落ちた米を回収した者にはその十分の一を与えたという（『藩法集』）。

4 鴨方と寺社

鴨方藩領でも他地域と同様寺請制度が導入され、領民はいずれかの寺に属することになっていた。しかし、鴨方藩初代政言の父池田光政が進めた「神道請」の影響を受け、立藩当時はやや他藩と異なるものであった。

池田光政の寺社整理

江戸時代、キリスト教は禁教とされ、人々はいずれかの寺に属することが求められた。いわゆる「寺請制度《てらうけせいど》」である。そして、寺請制度が禁教という側面だけでなく、「戸籍」や身分証明のような役割を果たすようになったことはよく知られている。しかし、岡山藩では当初やや異なった制度が用いられた。第一章でも少し触れたが、鴨方藩領に影響を与えた制度であるので、神社も含め紹介しよう。

鴨方藩初代池田政言の父である岡山藩主池田光政は、岡山藩領内で大規模な神社・寺社整理を行った。「民衆を惑わす」存在である「わけもなき小社《しょうしゃ》」「淫祠《いんし》」「荒神」を整理する方策を取った。そのための調査を行い、村ごとに「氏宮《うじみや》」を選び、一代官所あたり一つの社殿を建立して「寄宮《よせみや》」として、残りを廃止して合祀した。岡山藩領内で廃止された小社は一万五二九社にのぼる。

のちの鴨方藩領を含む鴨方村・深田村・小坂西村・小坂東村・本庄村・地頭上村・益坂村（以上現在の岡山県浅口市）・尾坂村（現在の岡山県笠岡市）の八五一社が地頭村の塵積《ちりづみ》神社へ、西大島村・大島中村・東大島村（以上現在の岡山県笠岡市）・六条院西村《ろくじょういんにしむら》・六条院中村・六条院東村（以上現在の岡山県浅口市）・口林村・池口（口林村内）（以上現在の岡山県浅口郡里庄町）の一五四一社が六条院中村の真止戸山《まとべやま》神社社地内の住吉神社に合祀された（『鴨方町史』）。

一方の寺院であるが、光政はこちらも整理を行った。寛文六年（一六六六）、由緒の定かでない寺院を中心に廃止。そのため、岡山藩領内一〇四四寺のうち、五六三寺が廃止された。僧の還俗も進められ、多くは帰農したが、医師やなかには神職に就いた者もいたという。のちの鴨方藩領でも、例えば六条院の明王院《みょうおういん》（現岡山県浅口市）の末寺の多くが取り潰されるなど、多くの寺が姿を消した。

こうした政策を経て進められたのが、「寺請《てらうけ》」ならぬ「神職請《しんしょくうけ》」である。

要は本来寺が行う役割を氏宮が行うというものである。しかしながら、領内では不評であったようで、津高《つだか》郡百姓が幕府巡見使《じゅんけんし》へ訴え出た。幕府も神職請についてはあまり好意的に感じず、光政に対して急進的に神職請を行わないよう諭した。さらに、領内の天台宗金山寺《きんざんじ》（現在の岡山県岡山市）が本寺である江戸の寛永寺《かんえいじ》に上訴したため幕府の裁許となり、廃止予定であった備前三五寺が金山寺管轄となり、備中一九寺が鴨方の明王院に渡された。

寺社の復権

息子の綱政も同様に感じていたのか、光政が隠居したのちの延宝二年（一六七四）に、岡山藩は領民に対し神職請と寺請のいずれかを選択可能とした。結局多くの民衆は寺請になっていった。岡山藩が全面的に寺請制度を導入したのは貞享四年（一六八七）である。延宝年間（一六七三〜一六八一）、鴨方藩成立後に領内でも複数の創建を伝えるものがあり、荒神社《こうじんしゃ》（深田・里見など）や、天神（菅原道真）を祀る神社（小坂西や深田の天神社、里見の天満神社）などがあげられる。

領民が信仰の対象としての神社を求め、廃社になった小祠のなかにも復興されたものがあっただろう。あわせて、寺院の再興も進められた。光政時代には対立した明王院も、寺領の回復と、諸堂再建を進めている。

一方、その明王院の記録では、岡山藩の郡奉行である国枝平助《くにえだへいすけ》が神道好きで、他郡より十年神道請が続いたとしている。終わったのは貞享四年（一六八七）ごろともされるので、当然鴨方藩立藩後のことである。岡山藩の影響がいまだ色濃く残るとともに、鴨方藩が岡山藩によって運営されていることがうかがえるが、鴨方藩領でも寺請制度が導入されて、鴨方地方でも寺社の復権が果たされた。

これも鴨方

金光教

金光教は鴨方藩領発祥ではないが、非常にゆかりのある宗教である。

立教は安政六年（一八五九）十月二十一日とされている。教祖である赤沢文治（金光大神）は文化十一年（一八一四）備中国浅口郡占見村（岡山藩領）の農民香取《かんどり》十平としもの次男として生まれた。幼少のころは病弱で父が背負って寺社に祈願の参詣を続けたという。十二歳の時に同郡大谷村（浅尾藩領）の川手家に養子に入った。二十二歳の時に家督を継ぎ結婚すると、家業に励んだ。その甲斐もあって田畑が二倍近くになるなど、養家の発展に努めたが、授かった子供が次々と早世し、自らも大病に罹った。彼は方位の神である金神の祟りではないかと考えたが、その時、金神は逆に人々を救済する神であるというおつげを聞いた。金光大神は大病を乗り越えて信心を深め、神の指示に従いながら行動するようになる。

その後信者は庶民を中心に確実に増え、鴨方藩領を含む備中だけでなく周辺の備前・備後にも広まっていった。文久二年（一八六二）、金光大神は自ら金光大明神と称した。

しかし、金光教の発展は、既成の宗教勢力にとっては脅威となった。文久二年（一八六二）、山伏たちが大谷村の庄屋小野四右衛門に金光大神の布教活動を禁止するよう要求した。元来宗教者以外の庶民が布教活動を行うことは許されていないので、小野四右衛門も受け入れざるをえない。さらに、山伏たちは実力行使に出て神具類の奪い取りなどの妨害活動を行った。

こうした動きをみて、布教活動を合法化するため、浅尾藩庁に社殿建立許可を願い出るとともに、神道管領白川家に布教の公認をえるための運動を進めた。元治元年（一八六四）、金光大神は白川家に入門して神拝式許状をもらい、慶応三年（一八六七）に神主補任状を下付された。

金光大神は金神を災厄の神から福の神に転じ、「天地金乃神」と呼んだ。そして、人々を差別する触穢思想を否定し、女性は神に近いとして男尊女卑思想をも否定するといった、従来の価値観を大幅に転換していった。また、他の宗教を否定しない特徴をもっている。金光大神は生神として取次広前（神殿）で神の言葉を信者に取り次いだ。

鴨方藩領でも多くの入信者がいたが、代表的な人物の一人に高橋富枝がいる。六条院西村の生まれで、一子を設けたが生後すぐに失い、実家に戻った。その後は巫女などをしていたが、入信すると、金光大神から「千人に一人の氏子」と高く評価され、神と人との間を取り次ぐ「取次」に従事するとともに、金照明神の神号をゆるされた。

金光大神は明治十六年（一八八三）に死去するが、その教えは高橋富枝たちに受け継がれ、信者が増えていった。現在は全国さらには世界に教会が置かれている。

第三章 鴨方藩主の立場と役割

鴨方藩やその藩主は岡山藩の援助を受けつつ岡山藩を支えた。

後楽園から岡山城天守を望む

1 岡山藩の支援

独立後も多分に本家の支援で成り立っていた鴨方藩であるが、なかでも一番頼らざるをえなかったのが、財政面であった。しかし本家も無尽蔵に支援できるものではなく、本家の不満は募っていき、ついに両分家を強く叱ることになる。

きびしい財政

江戸時代、特に中期以降になると、どこの諸藩でも財政赤字が大きな課題となっていた。岡山藩とて例外ではなかったが、鴨方・生坂の両分家はとりわけ深刻であった。

延宝四年（一六七六）、岡山藩は池田一門に合力銀★として三〇二貫を支出した。しかしそのほとんどは両分家に出したものであったという。

宝永三年（一七〇六）、岡山藩は、知行物成を両分家に対して増やすこととして、鴨方藩には三歩（三パーセント）、生坂藩には五歩（五パーセント）の増免をそれぞれ認め、両分家の増収を図るとともに、それまでの借財をすべて岡山藩が肩代わりするという思い切った策を出した。ただし、今後は「自身の出費はいうまでも

▼合力銀
援助のために用意した銀。

なく、公用での不意の出費が生じても、本家よりは合力しない」と宣言された。自分たちで何とかしろという意味である。

しかし、明和七年（一七七〇）ごろには再度借財が溜まってきたようである。そこで岡山藩が代わりに大坂商人に借銀を行い、鴨方藩にその分を支出し、翌年には直接鴨方藩政に介入し、鴨方藩の財政問題解決に取り組むことにした。

その結果、①支出をすべて半分にする。②鴨方藩領の年貢米は岡山藩城下の天《あま》瀬《せ》御《お》蔵《くら》に納入する。③鴨方藩の出納はすべて岡山藩が管理し、入用の際は鴨方藩から岡山藩に掛け合い、それに応じて岡山藩の役人から鴨方藩の役人に渡す、といった厳しいものであった。以降十五年間も鴨方藩は岡山藩の管理下となる。

岡山藩の叱り

両分家の財政逼迫は、分家成立のころからすでに恒常化していた。岡山藩は本家として放置しておくこともできず、たびたび援助を行っていた。しかし、岡山藩もそのまま慢性的な財政支援を認めていたわけではなく、当主やその家臣団に不満を述べていたが、それも限界が近づいてきた。

文化九年（一八一二）、生坂藩が支援を求めてきたことに対し、岡山藩は自らの借財を大坂の豪商に頼む際に、合わせて生坂藩の分も借り入れた。確かに、貸す側の豪商から見ても、両分家のような中小大名より、岡山藩のような大大名の方が後々の返済などを考慮しても安心感はあったはずだし、両分家もそれは承知していただろう。しかし、岡山藩としてもいつまでもこのように支援をするのは難しいと考え、生坂藩に趣意書を渡した。そこでは、岡山藩自身も財政が困窮していることに加え、「財政が逼迫すれば本家（岡山藩）に助けてもらえば済むと考えているのならば不埒なことだ」と念を押した。

同年十二月、今度は鴨方藩からも財政逼迫につき支援を求める申し出があった。ここでも岡山藩は鴨方藩に対し、「本家を蔑ろにして」おり、「財政が逼迫すれば本家（岡山藩）に助けてもらえば済むと考えているのならば不埒なことだ」と叱り付けた。

さらに、翌文化十年（一八一三）二月、岡山藩は鴨方藩の附人安倍伝左衛門などに鴨方藩の藩政改革を行うよう指示したが、四月にはその安倍が早々に附人を免ぜられ、代わりに岡山藩士水野七郎左衛門が命じられた。安倍では改革ができないと思われたのであろうか。

同年九月、岡山藩主池田斉政は鴨方藩主池田政養へ直々に倹約を命じた。鴨方藩の存在そのものにまで言及する厳しいものであった。同様の内容は生坂藩にも申し入れた。現代語訳したものを記そう。

そちら（鴨方藩）の財政のことについては、毎度申し出されており、旧冬にも難題を申し出された。これによって当春にこちら側（岡山藩）の趣意を申し入れ、其後附人も取り替えた。兼々より幾度も申し入れており、定禄配当の積も難しいところではあるし、この度格別に財政緊縮を行うかはまだ積書を私は見ていないが、一通笠も立つかと承知した。しかしながら、今年の参勤交代も難しいと申し出があり、なおまた貸継ぎの申し出があることなので、特別に承知をするから、（岡山藩の家臣に）支援をするように指示を出した。

こういった慢性的な財政支援について、これまでは申し入れなかったが、今回は（藩政は自らで行うという）本心に立ち返って倹約をする心得かと疑問に感じるので、申し入れる。是迄の通りに（本家に）協力を申し出されては、当家（本家）の財政も近年厳しくなってきており、分家の支援を続けていては当家も立ちいき難くなってしまう。そうなれば御先組様方に対しては申し訳ないことであり、家には替えられないことなので、最早やむをえず分家（鴨方・生坂）の相続を幕府に断って、（両当主を）本家の岡山へ引取り、相応の扶助も行って家が存続をするようにするしかない。そうなれば、そちらも先祖に対して不忠の至りであり、不本意で後悔することになるだろう……

（後略）

岡山藩主は、経済的に破綻状況にあった両分家について、やむをえず幕府に御家断絶を申し出、両分家を藩内に引き取ることを想定したことが記されている。

近世を通じて、分家大名が改易された場合、生坂藩のように内分分家ではほとんどが本家側に領地を戻されているが、鴨方藩のように領地判物・朱印状交付をされた場合は本家に領地が戻らず幕府が差し押さえてしまうことも多い。そのため、岡山藩側が本気で両分家を解体することを考えていたか疑問が残る。改革が進まない両者へ脅しをかけたとも解釈できる。

しかし、岡山藩が支藩の存続にまで言及していることはやはり注目すべきで、鴨方・生坂の両分家が肝を冷やしたことは間違いないだろう。そして斉政は、「小身で本家がいない大名でも、参勤交代を行い幕府の役を務めている。両分家は、本家の真似をして身分不相応なことをする」と両分家の姿勢を強く非難した。

ちなみに、この後水野たちは一定の成果をあげたらしく、文化十四年（一八一七）に岡山藩より褒美が与えられた。また、岡山藩は結局累積した両分家の借財を自らが受けもった。

このように、朱印状を交付され、行財政機構が独立した鴨方藩ですら岡山藩の介入は避けられず、最悪の場合取りつぶされる可能性すらあったのである。

ここまで岡山藩が両分家に強い態度を示したのには、岡山藩自身の財政が非常に厳しい現状があり、両分家を支援する余裕がなくなってきたとも考えられる。

しかし、この後も財政問題は解決しなかった。天保十二年（一八四一）には洪水の損害による復興のため、銀一〇〇貫目を「貸捨」として岡山藩から援助してもらった。さらに、嘉永元年（一八四八）には鴨方藩主の葬儀入用などに一八四〇両を助成してもらった。また、安政四年（一八五七）には鴨方藩が国役として江戸城の「西丸御普請御用」を務めるにあたり、二八〇〇両を用意している。鴨方藩は創設から幕末にいたるまで、常に財政問題を抱えていたといえようか。

岡山藩による鴨方藩領への干渉

宝永六年（一七〇九）に行財政機構が独立したといっても、鴨方藩の職制がやや脆弱なこともあり、岡山藩側が鴨方藩領に積極的に関わることも珍しくなかった。

貞享四年（一六八七）、岡山藩関係者が鴨方藩領にて初鶴を捕る場合、二羽までは岡山藩主へ献上し、三羽目より鴨方藩主へ献上することを決められた。岡山藩側は分家領内である程度自由な行動ができたのだろう。

寛政八年（一七九六）、春から夏にかけて鴨方藩領の四十瀬村と埋川村で水利を争う紛争（水論）が起こった。

岡山藩が吟味を行うため、吟味中は岡山藩が両村を預ることとした。その間、当該村からの収入分は岡山藩から蔵米という形で鴨方藩に支給することとして、吟味終了後に両村を鴨方藩に返却することとした。

鴨方藩では裁決が困難ということだったのだろう。また、鴨方藩領は幕府より朱印状を交付された独立した領地であるが、分家側の領域を本藩が預かることが可能だったこともわかる。

もっとも、岡山藩から鴨方藩に対して、当村で他領との公事が起こった場合は、鴨方藩の役人が担当する旨の通達もあわせて出されている。岡山藩が介入できたが、鴨方藩の行政組織が機能していたことを示す事例といえよう。水論の結末は不明であるが、両村が鴨方藩に返還されたのは翌年の寛政九年のことであった。

もう一つ、江戸の話を紹介しよう。先述の通り、鴨方・生坂両分家はそれぞれ屋敷を有し、独自の空間を有していた。ところが、元文二年（一七三七）鴨方藩と江戸の町民との間で軋轢が生じた際には、岡山藩が問題解決に関わっている。

池田政倚が移動中、行列に割り込んできた町人がいたため、鴨方藩の足軽《あしがる》井上藤大夫が鉄砲で突いたところ、その町人が後になって死亡した。そのため町が訴えたのだろう。鴨方藩からも幕府に届けが出され、幕府の指示で、詮議が終わるまで藤大夫は一端揚屋（江戸に置かれた牢屋敷。大名や旗本の家臣も入れられた）に入れられた。しかし、その後岡山藩留守居★阿部藤兵衛が幕府に呼ばれ、行列に割り

▼留守居
諸藩に置かれた役職。幕府や他藩との連絡・折衝などを行い、情報交換を行った。諸藩の留守居が集まる留守居組合が存在した。

込んだ町人の非分も考慮されて、井上は江戸追放となり、鴨方藩側へも伝えるよう申し渡された。

この事例は、町を含む幕府と鴨方藩で解決すべき話であったが、これに岡山藩が関わった点、さらに最終的な裁決を岡山藩から鴨方藩に伝達するような形式を取っていたのが特徴である。江戸であっても、岡山藩が鴨方藩に深く関わっていたことが指摘できる。

また、足軽であった藤兵衛が鴨方藩領ではなく、岡山藩領出身であったことも指摘しておきたい。先述の通り、岡山藩領出身者が鴨方藩で奉公人になる事例は珍しくなかったのだろう。

支援を断る岡山藩

岡山藩はいつも鴨方藩の要望に応えたわけではない。宝暦八年（一七五八）、鴨方藩は自らの屋敷の整備のため、材木としての松の木や、松の板の調達を岡山藩へ求めた。鴨方藩がどのような整備を検討していたか詳細は不明だが、岡山藩が確認したところ、この時鴨方藩が必要としたのは松の木が大小で一〇〇〇本、松の板は八〇〇坪分相当、さらに必要な人員が一日三〇人は必要という膨大なものであった。

しかし岡山藩では、従来から生坂藩も含めそのような前例はなく、また、近年岡山藩の管理する山がことごとく荒れているという理由で断ることにした。前例踏襲主義にもみえるが、岡山藩としても分家側を支える限度をある程度定めていたといえる。もちろん、その理由のひとつとして、岡山藩自身の財政も厳しかったことも想定できる。鴨方藩は常に岡山藩を頼ることができたともいえなかったのである。

②鴨方藩主自身の認識と立場

本家である岡山藩の支援なしでは成り立たなかった鴨方藩。
それでは当事者の鴨方藩主は自らの置かれた立場をどのように認識していたのか。
どのような立場に位置付けられていたのかを概観しよう。

岡山藩が分家に出した規則

岡山藩には、鴨方藩主池田政倚に対して「殺生場★」の場所を岡山藩領内に設定していた（『藩法集』）。岡山藩が分家に関わる一方で、分家側も岡山藩内での活動する様子がうかがえる。

一方で、岡山藩領における分家の行動には規則が定められていた。寛政九年（一七九七）、岡山城下東照宮（現在の岡山市中区）の祭礼が行われた際、神輿の行列と生坂藩主池田政恭《まさゆき》一行との間で作法を巡りトラブルが起こった。同九月十九日、附人の玉井加《たまいか》

内匠頭殺生場

郡	村名・場所
御野郡	津島村より西山寄りの分
津高郡	辛川口・芳賀・西原・楢津川東山寄
上道郡	土田・脇田・湯迫・宿奥村瀧口・西大寺川東より
赤坂郡	牟佐川東より

（『藩法集Ⅰ上岡山藩』、『内匠頭様御殺生場』〈正徳２年〉より）

▼殺生場
狩猟を許された場所。

左衛門《ざえもん》が岡山藩に提出した書付によると、神輿が通る際に本来ならば政恭一行が控えて脇道を通らねばならないところを、先頭の徒が間違えて神輿の脇を通行した。そのため政恭が謹慎することになったのである。

謹慎自体は同二十四日には解かれることになるが、今回の件だけではなく、そもそも岡山藩の定めた神社の拝席などの規定に関する齟齬が指摘され、以後は気を付けるよう注意されている。

この一件を機会に分家側の行動について引き締めを図ったのだろう。翌年には両分家の神社等の参拝形式について、岡山藩が調査を行っている。各寺社には岡山藩の寺社奉行から照会を行い、その結果特に生坂藩は「岡山藩主の御供より数多く入れることがみえる（利光院・現存せず）」ことや、場合によっては「岡山藩主より越格にみえることもある（曹源寺・現在の岡山市中区）」などという回答が得られ、岡山藩からみれば僭越ともいえる行為をしていたことが判明した。そのため、岡山藩では改めて両分家の寺社参詣における規定を定めることになっている。

鴨方藩主の認識

鴨方藩主は、岡山藩内でどのように認識されていたのだろうか。

文政十二年（一八二九）二月六日、江戸城において、幕府より岡山藩に対し、岡山藩主池田斉政《なりまさ》から養子の斉敏《なりとし》へ家督相続を認める旨を申し渡された。この時斉敏の付き添いとして江戸城に登城したのは生坂藩主池田政範《まさのり》である。

この旨は早速在地の岡山へも伝えられ、同月十五日に執政から家中へ伝えられた。さらに、斉政と斉敏からの「仰《おおせ》」を受けた使者が江戸から岡山へ遣わされ、同月二十五日、鴨方藩主池田政善ほか重臣は斉政たちの「仰」を受けた。さらに二十六日、ほかの家臣団にも同様に「仰」が伝えられた。

この時、生坂藩にも岡山城へ登城すべき旨の連絡が入り、附人の蟹江《かにえ》三郎《さぶろう》右衛《え》門《もん》が登城して、岡山藩から「仰」を受けた。鴨方藩にも同様に「仰」が伝えられただろう。「仰」は次の通りである。

この度、願いの通り幕府から（斉政）の隠居を仰せ付けられた。伊予守（斉敏）へ家督を仰せ出されたことは大慶である。（これまで斉政に対して）何も懈怠なく勤めてくれて満足している。これ以後も変わらず伊予守へ奉公し、銘々勤め向きも出精して、長く勤めてほしいとの思し召しである。

先代藩主の斉政同様、今まで通りに新藩主斉敏へ奉公せよというわけである。分家は本家である岡山藩主からみれば、奉公すべき存在であった。

鴨方藩主自身が自らの立場に言及した事例を紹介しよう。天保五年（一八三四）、鴨方藩主池田政善に対し、幕府より旗本八木家の後見をするよう命じられた。なぜ政善が八木家の後見を命じられたのか、その経緯は不明であるが、早々に承知してくれないと八木家の存続にも関わるとのことで十二月六日に岡山藩主池田斉敏の内諾を得た上で、同日中に後見を承知することにした。

政善は承諾にあたり、次のような口上を用意した。

要約すると、もともと政善が否定的であった理由が記される。参勤交代などで岡山に戻ることから、常に後見することは難しく、また「旗本の家格にも不案内」であり、さらに「私の家政も本家方へ相談して取り計っている」と、自らの家政も本家（岡山藩）頼みであり、「自家すらそのようなことであるので、他家の後見も覚束ない」と一度断ったという。

そして、「私も万事不行き届きがちであり、公務を初め、そのほかのことも本家の世話になって取り続けている」ことから、「財政的な世話は行き届きかねる」と財政的な援助はできないことについて念を押している。

八木家の後見を固辞したいがための理由付けという意味合いもあるだろうが、鴨方藩が万事本家である岡山藩まかせであったことを認識していた。

このように、分家の当主は本家に奉公すべき存在であり、自身も本家の存在なくして、自らの存続はありえないことを自覚していた。

③『日次記』からみた鴨方藩主の役割

本家に頼らざるを得なかった鴨方藩とその藩主。

しかし、彼らはただ頼っていたわけではない。大名である彼らは本家の中で特別な地位を有した。

岡山藩側の記録『日次記』から鴨方藩主池田政倚の動静を追う。


奉公すべき存在であるのならば、鴨方藩主は岡山藩内でどのような役割を担っていたのだろうか。

まずは、平時の鴨方藩主の果たした役割をみていこう。

岡山藩側の記録である『日次記』をもとに、鴨方藩第二代藩主池田政倚の岡山城や江戸の岡山藩邸などの活動を分類して、①年頭儀式②宗廟における祭礼③東照宮祭礼④岡山藩主池田綱政と政倚の交流⑤岡山藩と幕府・諸大名、というテーマから検証しよう。

年頭儀式

岡山での年頭儀式は、岡山城内にある招雲閣《しょううんかく》★で行われる。岡山藩の家臣団が岡山藩主へ年始の御礼をする前に、岡山藩主の親類（分家を含む）からの使者が

▼招雲閣
岡山城内の藩主公邸かつ政庁として使用された表書院のなかにあり、もっとも格式の高い棟として藩主が使用した。

藩主に面会して、献上物が渡される。

元禄十七年（＝宝永元、一七〇四）一月一日の様子をみると、まず分家や藩主の親族が岡山藩主に御礼をして太刀を献上する。江戸にいるため参加ができない者は名代（代理の者）が参加する。一連の儀式を終えて退座をした後に、家老以下の家臣が謁見する。家臣のなかにも池田一門がいるが、彼らはあくまでも家臣として謁見しており、鴨方・生坂両分家とは明確な差異が設けられていた。

幕府の年頭儀式と比較すると、将軍はまず御三家《ごさんけ》（江戸後期は御三卿《ごさんきょう》も含む）と面会し、その後諸大名との面会を行う。つまり、岡山藩の儀式は江戸城での年頭儀礼のミニチュア版ともいえる。幕府で将軍家の一門である御三家や御三卿が高い格式を有したのと同様、岡山藩内で分家は高い格式を有していた。

宗廟における祭礼

次に、池田家の先祖を祀った「御廟」（宗廟）をめぐる分家の役割と活動をみていこう。

宗廟は、岡山藩主池田光政によって整備された。岡山城内に置かれ、池田家の祖である輝政夫妻などを祀っていた。当然鴨方藩主にとっても祖先の廟といえよう。

まず、「廟参」からみていきたい。岡山藩主は月に二回、特に毎月一日には藩主自身が「廟参」を行っていた。

元禄十五年（一七〇二）三月三日に綱政が廟参した際は、政倚が先に宗廟に参り、綱政を「御待」している。いわば先払いのような形である。また、政倚が綱政の「名代」を担うようになった。『日次記』の宝永六年（一七〇九）八月朔日《ついたち》の項では「いつものごとく、御名代として池田内匠殿（政倚）が御越し遊ばされる」と記し、政倚が代参することが決められていた。

春と秋の二回に行われる「御時祭」では、宝永四年（一七〇七）八月二十七日の項に、仲秋の御時祭において綱政が「御不快（＝病気）」であるため、政倚が代参を務めた後、岡山藩の「御時祭の役人」を指示して祭礼を取り仕切った。同じく、宝永六年の秋の御時祭では綱政の体調に関わらず、政倚が「名代」を務めた。廟参は本家の役割から、分家の役割へと変化していった。

東照宮祭礼

岡山城下の東照宮は、綱政の先代である池田光政によって勧請され、近世において岡山藩主導のもと、町民も参加する大規模な祭礼が執り行われていた。

宝永四年（一七〇七）九月十七日の祭礼当日、政倚は「御後園《ごこうえん》（後楽園）」の延《えん》養亭《ようてい》★にて綱政と対面し、その後綱政が乗船する際に同乗した。次に、神輿が御旅所に入り、綱政が神前へ出て御幣《ごへい》を拝し、御酒を頂戴するのにあわせて政倚も同様に行った。最後に登城の命令が出て、岡山藩の家臣に先立って祭礼がすべて終わったことを祝うために、綱政に対面する。岡山藩の家臣より先に挨拶することが、分家としての格式であるとともに、本家より命じられて登城することが分家の役割であったのである。

綱政と政倚の交流

政倚は儀礼以外でも、綱政と日常的に交流をもっていた。特に多いのは能である。岡山藩では、江戸でも岡山でもしきりに能が催され、政倚も招かれている。『日次記』には、その際の演者の名前も記されているが、興味深いことに、「内匠殿」と政倚の名前が散見していることである。綱政が見物するなか、政倚は自ら能を舞っていたのであろう。二人の友好な関係をみることができる。

岡山藩と幕府・諸大名

▼延養亭
後楽園のなかにあり、岡山藩主の居間や来賓をもてなすために用いられた。後楽園では延養亭からの眺めがもっとも素晴らしいといわれている。現在は復元されている。

宝永四年（一七〇七）四月六日、綱政は幕府老中より江戸城へ登城するように命じられた。七日、政倚は岡山藩の江戸藩邸に向かい綱政と対面した後、綱政とともに江戸城へ登城した。両者が登城すると、以前より話が進められていた池田政順《まさとし》（綱政嫡男）の縁組が幕府より認められたことが伝えられた。一門として、政倚が本家の岡山藩をサポートする体制が整えられていた。

同年四月十二日、綱政の国許岡山への帰国にあわせ、幕府より上使が派遣された。この時、政倚は岡山藩邸の門内で待機して上使を迎え、上使が藩邸から帰る際には見送りをした。

本家と諸大名の交流の場でも、分家の活動をみることができる。元禄十五年（一七〇二）四月二十六日に越前松平家の松平吉品《よしのり》の婚礼が執り行われた際には、生坂藩主池田輝録嫡男の輝廉《てるきよ》が綱政の名代として福井藩邸に出かけている。輝廉か政倚のどちらかを名代にするところ、輝廉が選ばれたという。藩主名代を務めるのは鴨方・生坂両分家の大切な役割であった。

同年六月二十五日、綱政の娘が土佐藩主山内豊房《とよふさ》に嫁ぐ際には「御送」として、乗り物の行列の最後列近くで従い、土佐藩邸まで綱政の娘を送った。

以上、平時の岡山藩主と鴨方藩主の関係をみてきたが、分家は岡山藩のなかで高い格式を与えられていた。同時に、岡山藩の多くの儀式に参加して、時には岡山藩主の名代となり家臣をまとめた。江戸においても、岡山藩邸で幕府の上使を迎え、江戸城に同道するなど岡山藩主を支えた。

その一方で、岡山藩主の先払いを行い、藩主の命令に応じて岡山城に登城することもあり、家臣としての側面ももち合わせていた。

④

池田一門としての鴨方藩主の役割

鴨方藩主は池田一門のなかでも有力者とみなされていた。
ときに岡山藩主の後継者としてみなされ、また藩主不在時には代理としての役割を求められた。
他の池田門からも頼られる存在であった。

次に、家督相続問題という「非常時」から鴨方藩主の役割をみていこう。岡山・生坂分家の事例から、政倚の果たす役割がみえる。また、鴨方藩の事例からは、本家の分家に対する姿勢をうかがえることができる。

岡山藩主後継者候補として

池田政倚は一時期、岡山藩主池田綱政の後継者候補の一人とみなされたことがある。

池田綱政には七〇人を超える子供がいたが、相次ぐ後継者の早世に悩まされた。まず嫡男である吉政《よしまさ》が早くに亡くなり、その後改めて後継者とみなされた政順も、宝永六年（一七〇九）九月に他界してしまった。

ところで、政順が亡くなった同年、政倚は従五位下・内匠頭に叙任されていた。

翌宝永七年（一七一〇）、政倚が江戸から岡山に帰国するのにあわせて、綱政が岡山城招雲閣にて官位叙任祝いを催した。政倚ほか、岡山藩重臣の伊木将監《いぎしょうげん》・池田主殿《とのも》・池田刑部《ぎょうぶ》・土倉市正《とくらいちのかみ》・日置隼人《ひきはやと》が相伴という形で参加している。

祝いの席で、綱政は政倚たちに次のような話を伝えた。①綱政の息子で、岡山藩の重臣である天城池田家★へ養子に入っていた茂十郎《しげじゅうろう》（のち継政《つぐまさ》）を本家に戻し、かわりに天城池田家には同じく綱政の息子である豊次郎（のち政純《まさずみ》）を養子に入れること。②家臣筋の池田内膳《ないぜん》の後継として亀次郎（綱政孫、のち輝言《てること》）を内定させたこと、である。

政倚が一連の家督問題にどこまで関わっていたか不明だが、事前に綱政たちと一連の家督問題について協議したとも考えられる。少なくとも、政倚は他の有力家臣とともに本家である岡山藩池田家の家督相続者について知る立場であった。

茂十郎が本家の家督を相続することについては、この後も一門のなかに慎重論を唱える者がいた。例えば、旗本で一門の池田政森は、①政倚を綱政の養子にして後継者として、茂十郎と豊次郎を政倚の養子にする、もしくは②政倚が若い藩主の後見役をする、という妥協案を出した。政倚は後継者にならなかったが、分家は岡山藩主の後継者たりうると周囲から認識されていたことがわかる。また、後述のごとく政倚は綱政次代の継政の補佐を行う様子が確認できることから、綱政は②を選択したのかもしれない。

▼天城池田家
池田一族。池田輝政の兄元助の嫡男由之を祖とする。岡山藩の家老として代々天城（現在の岡山県倉敷市）を領したことからこのように呼ばれる。

綱政死去の際の政倚

綱政が亡くなった前後にも、政倚の岡山藩内での積極的な動きが確認できる。綱政が体調を崩したのは、岡山在城中の正徳四年（一七一四）十月ごろである。当初は、医者の診断も一人を除けば「軽き御事なり」ということであった。しかし、一向に回復せず、予定されていた参勤交代も延期になった。

この時、政倚も岡山にいた。政倚は京都より医者を呼ぶべきと主張した。一時期綱政の体調は落ち着いたようだが、京都の一条家の斡旋で医師の三輪了哲《みわりょうてつ》が岡山へ来たころには、再び悪化していた。日を追うことに弱まっていく綱政に対し、了哲は薬を処方することを辞退したが、政倚は強く調進を求めた。しかし、それでも回復せず、結局了哲は暇を出された。

同月二十九日、治療の甲斐なく、綱政はついに息を引き取った。すぐに江戸へ使者が出され、法事役人の総奉行は池田主殿が選ばれた。

出棺の四日前の十一月十四日、多くの家臣団から綱政の死を悼み、落髪して仏門に入りたいとの申し出が出された。しかし、皆が落髪してしまうと藩政に滞りが出るのが目にみえている。そこで、池田主殿が政倚に相談したところ、政倚は落髪はもっとものことではあるが、御用のためという理由で多くを差しとどめることとした。池田主殿は、家臣団の扱いについて政倚の指示を受けており、藩主不在という緊急事態に本家である岡山藩の家臣団に対して命令を下しているのである。

十二月十八日、江戸において綱政の嫡男である継政に家督相続が無事認められた。その旨は岡山にいる政倚へも伝えられ、政倚は宗廟への「御達」を務めて、先祖への報告を行った。

同年四月九日、政倚は参勤交代で江戸に到着した。同月十九日、幕府の日光での法会が済んだことの「御歓《およろこび》」として継政が江戸城に登城した際には、政倚が同道した。この後も、政倚は享保二年（一七一七）に江戸において、帰国した継政の名代として将軍家から岡山藩の領知を認める領知判物を賜わるなど、幕府に対して本家の代理として活動している。継政を支える様子が確認できる。

生坂藩主を支える政倚

生坂藩主池田輝録は、政倚にとっては叔父にあたる。輝録の子供は、嫡男輝廉ほかが早くに亡くなったため、養子を探す必要があった。そこで、宝永五年（一七〇八）に、岡山藩主池田綱政の庶子軌隆《のりたか》の長男である政晴《まさはる》（善太郎）が後継者となった。

正徳三年（一七一三）十一月に養父の輝録が亡くなると、翌年二月に正式に家督を相続した。しかしまだ十一歳と幼少であった。そこで、一月に政晴の家臣団に対し、綱政からの「御意」を記した書付が渡された。

すなわち、「善太郎（政晴）は幼少より後楽園で育ち、側近たちも公儀についいて不案内である。少将（綱政）の孫とは考えず、丹波守（輝録）の実子と考え、輝録の時代通りに諸格式などを執り行うように」と命じた。そして、家老をはじめ、御用人なども心得、作法よく我儘もなく、無事に成長するように諭した。同じ書付は江戸にいる政倚にも渡され、政晴に遠慮なく指図するように命じている。池田一門で政晴を支え、当主として成長するように目指す姿勢がうかがえるとともに、政倚には年長者として幼い一門の当主を支える役割を求められた。

以上、政倚は平時でも非常時でも、また国許の岡山でも江戸においても、家臣として岡山藩主を支え、岡山藩主の名代・補佐を務めた。政倚は池田家の一門として、そして岡山藩の一員として岡山藩主を支えることを求められた。

このような姿は、分家側も自覚していた。政倚の次々代にあたる池田政香の『止仁録』と呼ばれる言行録がある。そのなかで、自らの分知について述べている箇所がある。「我らは不肖にして二万五千石を先祖より受け継いできたが、過分のことである。烈公（＝光政）が領内の民を餓しては罪死にもいれられずとおっしゃられている御言葉を少しの間も忘れてはならない。かく（光政が）御分知をなされたのも、国を治めることの助けとするためとの御心だろう」と述べている。

ここでいう「国」とは岡山藩であり、そのうえで分家として本家の「手伝」と、「治国の助け」をするべきと考えたのだろう。政香は、光政が本家の岡山藩を助けるために分知を行い、また自らもそれに応えようと考えていたのである。

池田一門内の鴨方藩主

池田家は多くの家に分かれており、幕末の時点で大名家や旗本で一三家存在した。さらに、本家や他家の家臣となった家をあわせるとその倍以上になる。それらの総本家ともいえるのが岡山藩主の池田家である。鳥取藩主池田家の分家である鳥取西館藩当主池田定常《さだつね》も、鳥取藩主池田家のことを「宗室」、岡山藩主池田家のことを「大宗《たいそう》」と呼んでいた。

その定常は、自らの思い出をまとめた随筆『思ひ出草』で池田一門について多く記しており、鴨方藩主にも触れている。

鴨方藩主池田政方や旗本新宮池田家当主池田頼致《よりおき》は長寿であり、若いころの定常はその二人からは色々と話を聞いていた。二人が言うには、昔は一門間の交流が非常に活発だったのに、今は一門間でも疎遠になって、それぞれの当主の名前すら知らないということだった。

代を経ることに池田一門の間でも関係が疎遠になる様子がわかるが、定常は政方と頼致二人を池田一門の長老的存在として色々と話を聞いていたことがうかがえる。

十八世紀後半になって、鳥取藩主池田治道《はるみち》と、仙台藩主伊達《だて》重村《しげむら》の娘の縁談がもち上がった。鳥取藩としては是非縁談を進めたいと考えたが、一つ問題があった。それは同じ池田家である岡山藩と仙台藩が義絶していたことである。理由は五〇年ほど前に岡山藩主池田継政と仙台藩伊達家から嫁いできた夫人が離縁をしたことによる。

そこで、鳥取藩は両家を和解させた上で、縁談を進めることにした。伊達家側で仲裁にたったのは伊達一門の伊予国吉田藩主伊達村賢《むらやす》で、池田家側は鴨方藩主池田政直《まさなお》が取りもつことになった。

幸いにして、話は順調に進み、岡山藩と仙台藩が無事に和解できたことから、寛政二年（一七九〇）、鳥取藩は無事仙台藩から伊達重村の娘を迎えることができた（輪光院）。

定常が記したこれらの事例は、鴨方藩主が岡山藩内だけではなく、池田一門のなかでも存在感を示していたことを物語る。実態として、岡山藩の支援がなければ存在が難しい家であったとしても、将軍から朱印状を交付され、自らの領地をもつ大名である。池田一門内では格式が高く、頼られる存在だったのだろう。鴨方藩主もその役割を果たしつつ、岡山藩主を支えた。なかでも、幕末に活躍する政詮は特筆すべきものだが、それは後述する。

⑤ 鴨方藩からみる家督相続の様相

どこの大名家でも、跡継ぎが無事生まれ、そして成長して次の当主に就くのは容易ではなかった。時に、家の存続すら関わる事態に発展することもあった。鴨方藩も同様だが、その事例を追うことで、本家や幕府との関係のほか意外な家督相続の実状がみえてくる。

大名の養子制度

大名家は後継者を定めることが必須であるが、跡継ぎが容易に生まれないこともあるし、仮に誕生しても当時の幼児の死亡率は高く、「若君」が幼くして亡くなることは決して珍しくなかった。そのため、大名家では当主の弟や一門、さらには母方や妻の親戚、それでも難しければ血のつながりのない他家から養子を迎えた。

しかし、無条件に養子をとることができたわけではなく、幕府の許可が必要であった。そもそも、近世初期には当主の亡くなる寸前に養子をとることはできず（末期養子の禁）、また、当主が十七歳未満であったり、逆に五十歳以上になったりすると養子をとることができなかった。大名家は常に家名の断絶と隣り合わせであったといっても決して言いすぎではない。

しかし、こうした決まりはさすがに厳しすぎた。幕府も大名家をはじめとする武家が断絶し、武家さらには旧家臣やその家族が一斉に浪人となって、社会への不満分子が増えることを避けたかった。そこで、幕府は次第に制度を緩和させ、末期養子を認めるとともに、五十歳以上でも養子をとることが認められるようになっていった。できる限り家の存続を図るようにしたのである。

それでも十七歳未満の制度は継続されたことから、幕末まで跡継ぎに関する問題は残されたといえる。もちろん、大名は自家が断絶することは絶対に避けたいし、幕府も社会の安定化のため、簡単に大名を取りつぶすことは得策ではなかった。

ここでは、鴨方藩の事例をもとに、大名家の家督相続の実像をみていこう。

政倚から政方へ

鴨方藩主池田政倚は、先述の通り本家の岡山藩の家督相続問題に関与していた。一方で、自らの後継者の選定には苦労していた。

政倚には庶子鍛治之助がいたが、早世した。そのため、享保元年（一七一六）に、池田輝言（＝采女《うねめ》、池田綱政の息子である軌隆の庶子）を養子に迎えた。同六年に将軍徳川吉宗に拝謁し、後継者とみなされるが、病弱であった。そのため、享保十年（一七二五）に廃嫡されて、岡山藩主池田継政のもとに引き取られることになる。

前々年の享保八年（一七二三）より廃嫡のための幕府への働きかけが始まった。中心となったのは、岡山藩士の森半右衛門《もりはんえもん》・伊庭平内《いばへいない》・小畠権内《おばたごんない》・生形弥一左衛門《うぶかたやいちざえもん》・安藤七郎大夫《あんどうしちろうだゆう》・志水忠右衛門《しみずちゅうえもん》である。あわせて、鴨方藩士の浅津源兵衛《あさづげんべえ》と示し合わせて行動するよう岡山藩より指示が出ている。浅津は鴨方藩側の担当だったのだろうが、主体的に行動したのはあくまでも岡山藩である。

幕府への働きかけとして、池田政應《いけだまさたか》・山内豊清《やまうちただきよ》・大井政長《おおいまさなが》・池田由道《いけだよしみち》を「御四人様」と呼び、協力を依頼した。池田政應と池田由道は池田一門である。山内豊清は、土佐藩山内家の分家旗本で正室が池田政言の娘であり、政倚とは義理の兄弟にあたる。大井政長は旗本で、岡山藩あるいは鴨方藩と懇意だったようだ。

岡山藩は、輝言の年齢から、鴨方藩池田家の嫡男として、そろそろ江戸城に登城して幕府関係者に謁見するといった幕府への出仕が避けられなくなると感じ、危機感を感じていた。輝言については「御生得御おろか」とも指摘しており、体質以外にも何か問題があったのかもしれない。

幕府での交渉相手は老中安藤重行である。安藤側に対し、継政は鴨方藩の後継者問題を「気の毒」に感じて政倚に「申し談じ」、そのうえで「強て申し聞かせる」と伝えている。今回の養子交換は、本家である岡山藩の強い意思であった。

そして、政倚も本家の存念を「黙止しがた」く、受け入れたのである。

安藤側としては、継政も政倚も江戸不在とあっては運動実現が厳しく、その間輝言の出仕が厳しければ、その旨を幕府に願えばよいのではないかと提案した。さらに、仮に輝言が政倚の家督相続をしても、幕府へ輝言の病を詳細に申し上げなければ相続の差支えにはならず、仮に輝言が病で公務ができなければ、その時に考えをめぐらせればよいとまで述べる。そのうえで、政倚が江戸に下る来々年の春まで運動を見合わせることを主張した。安藤が幕府への手続きの「形式」を優先する姿勢がみてとれる。しかし、家督相続自体は病弱の輝言でも可能であることを言外に認めたといってよい。

岡山藩としても、老中の意向に逆らう意思もなく、鴨方藩池田家の存続について見通しがたったと考えたのだろう。運動は一旦停止する。運動が再開するのは二年後の三月であり、政倚が江戸に参勤するのにあわせて再開された。そして、輝言の代わりに弟の軌明《のりあきら》（安之丞）を養子に迎えることが認められた。

しかし、政倚の後継者問題は解決しなかった。軌明も病弱であったからである。軌明も養子から外れ、政倚の跡継ぎ問題が再燃した。そして、後継者と定められたのが先述の池田由道の庶子である兵部（政方）である。由道はもともと岡山藩家臣天城池田家の出身であり、岡山藩と血縁関係が比較的近いことと、さらに輝言を引き取る際に由道が運動に加わるなど、岡山藩と懇意であったことが決め手になったのかもしれない。政方は翌元文三年（一七三八）に無事に家督を相続した。

政共から政広へ

時は十九世紀初期まで飛ぶ。

文政七年（一八二四）四月二十五日、鴨方藩主池田政共は、江戸から岡山に帰国の途についた。この時十九歳。しかし、体調がすぐれなかったようで、美濃国大湫《おおくて》（現在の岐阜県瑞浪市）で養生。さらに、摂津国郡山（現在の大阪府茨木市）で再度逗留した。

五月二十五日、体調が落ち着いたということで、政共は幕府へ届け出を出し、再度岡山へ向かった。ところが、これは偽装であった。実際には政共は五月二十二日に摂津国郡山にて他界していた。死因は麻疹という（『池田家履歴略記』）。岡山に政共の危篤が伝えられたのが同月二十四日である。政共は二日前に他界していたことになるが、即日岡山藩の使者や医師が郡山へ向かった。二十六日、使者たちが播磨国に入ったところで郡山を出発していた政共一行と合流したが、彼らは取って返し、一行に先行して急ぎ岡山へ向かった。一刻も早く岡山藩内で今後の対応を検討する必要があった。

政共には子供がおらず、このままでは鴨方藩は断絶である。そのため鴨方藩では政共は死んだことにはせずに急ぎ養子を決めて、幕府に届け出ることにした。当然、届け出は当主である政共名義である。時系列がおかしくならないように、鴨方藩では、五月二十九日に政共が岡山に帰国し、その後病気の悪化を幕府に報告した上で、次第に病状が悪化するという風に体裁を整えた。そして、六月二十七日付で政共の名前で急養子の願書を幕府に提出した。あわせて岡山藩からも同様の願書を提出した。

　国許で当主が急死し、しかも跡継ぎが定まっていない場合に備え、大名は「仮養子願書」を幕府に提出した。仮養子は、自身の身内や親族等から仮に養子を定めておく制度である。政共が仮養子に定めていたのは、実弟の甚次郎《じんじろう》である。政共にはほかにも弟がいたが、甚次郎だけが嫡出の男子であり、彼をそのまま正式に養子にすることは不思議ではない（大森映子『お家相続』）。

　ただ一つ、甚次郎が病弱であったことが鴨方藩にとって気がかりだった。とはいえ、今は急を要する事態であり、ともかく家名断絶だけは避けねばならない。

　重篤な状態の政共は、六月二十七日付で急養子の願いを幕府老中に差し出した。幕府への願書は藩主名と花押を用いる必要があるが、亡くなっていることから、「手が揮えるので印形を用います」と記して体裁を整えている。これは、大名が重篤もしくはすでに亡くなっている場合に文書を作成する際の常套手段でもある。

　願書は幕府に無事受け入れられ、翌日の日付で改めて政共の死亡届が提出された。こうして、甚次郎の家督相続が認められた。甚次郎は政広と名乗る。

政広から政善へ

藩主の急死という非常事態を乗り越えた鴨方藩であったが、懸念されていた問題が現実となった。政広が病弱のため、幕府の諸儀礼に参加できない事態が続いたのである。

鴨方藩関係者からみると、政広が無事に藩主としての役割を全うできるか不安だったろう。何しろ実兄が急死したばかりである。そこで、鴨方藩は本家の岡山藩と相談のうえ、何と藩主のすり替えという思い切った作戦を取ることにした。

文政八年（一八二五）、政広は弟の虎吉《とらきち》に早々に家督を譲ることになってしまった。自身が家督を相続してからまだ一年もたっていない。

鴨方藩は、この件を幕府に報告せず、内密に家督を譲ってしまったのである。こうした幕府に無届けで家督を相続させるやり方を「公辺内分」という（大森映子『お家相続』）。

家督を相続するにあたり、虎吉は甚次郎政広の履歴を受け継ぎ、のちに政善と改めた。一方、兄は剃髪して「栄」と名乗り、実名を政徳《まさのり》と改めた。公式には「兄」である「政善」の弟扱いとなった。こうして兄弟を入れ替えることで、体裁を保ったのである。

こうしたすり替えは、皮肉にも政広が病弱のため、幕府の行事に参加できず、幕府側に顔を認識されていなかったことや、二人は兄弟のうえ、誕生したのが半年ほどしか変わらなかった（政広は嫡出、政善は庶出）ので、外見が大きな問題にならなかったことも幸いした。

一連の動きは、本家である岡山藩主池田斉政の意向であるという。鴨方藩が無事に存続できるために本家が介入した事例といえる。

ところで、本家である岡山藩も、斉敏、慶政と他家からの養子による相続が続いていた（斉敏は薩摩藩島津家、慶政は中津藩奥平家の出身）。そのため、池田家の血筋を何らかの形でつなげるため、政善の娘を岡山藩池田家の養女に迎えたうえで、慶政を婿養子とする形を選んだ。鴨方藩池田家の「血脈」は本家側にとっても重要視されるものであった。そして、それは次代の政詮で決定的なものとなる。

政善から政詮へ

兄の代わりに鴨方藩主となった政善は、二十一年後の弘化三年（一八四六）十月四日に岡山で病没した。彼には嫡男である亀吉がいた。確かに十四歳の少年でしかも病弱ではあったが、家督が相続できない年齢ではない。

しかし、この時鴨方藩は不思議な動きをみせる。まず、政善がそのまま存命している体裁を取りつつ、弘化四年（一八四七）二月二十一日付で幕府に亀吉の廃嫡願いを出した。もちろん政善自身の願いという形である。「一昨年より癇癪」を起こし、昨年夏より症状は悪化し、言語に差し支えがあることもある」というのがその理由であった。そして、肥後人吉藩主相良頼之の次男、満次郎を仮養子とすることを求めた。

満次郎の仮養子が認められると、鴨方藩は政善が病気にかかったことを幕府に伝え、仮養子である満次郎を急養子にすることを願う。もちろん政善名義である。五月十六日に満次郎の急養子願書が幕府に受理されたことを受け、鴨方藩は改めて翌十七日に政善の死亡届を五月四日付で作成し、本家の岡山藩が幕府に提出した。満次郎が家督相続を幕府から正式に認められたのは七月十日であり、この間、鴨方藩池田家は実に九カ月以上当主不在という極めて異常な状態だったのである（大森映子「備中鴨方藩の急養子相続」『藩世界と近世社会』）。

政広・政善兄弟を内分に交代をしたことは鴨方藩関係者には生々しく記憶に残っていたであろう。実際、亀吉は安政二年（一八五五）に病死している。病弱の藩主を据えることへの不安は鴨方藩関係者共通のものだっただろう。

とはいえ、当主不在の非常事態である。時代は違うが、政倚の際は病弱の輝言でも家督相続が不可能ではなかったと判断された。政広も一度は家督を相続した。

なぜここまでする必要があったのだろうか。

大森映子氏によると、これは池田家全体の意向を反映したからである。相良満次郎は、もともと本家である岡山藩池田家の後継者として岡山藩が望んでおり、慶政の家督相続後に、相良家に慶政の仮養子として申入れを行っている。実は、満次郎の三代前の相良長寛は岡山藩主池田宗政の庶子であり、満次郎は池田光政の直系であった。他家からの養子を続けていた池田家にとって、重要な血統だった（大森映子「備中鴨方藩の急養子相続」『藩世界と近世社会』）。

満次郎が相良家自身の仮養子になっていたこともあり、一度は断られたが、そういう時に発生したのが、鴨方藩池田家の家督相続問題だった。すでに岡山藩だけでなく、もう一つの分家の生坂藩も光政の直系ではなくなっていた。鴨方藩は早々に光政の直系ではなくなっていたことは第一章で述べた通りである。

鴨方藩だけでなく、岡山藩も含む池田家全体の問題として、病弱な亀吉よりは満次郎を迎えることを決めたのだろう。それに、岡山藩が満次郎を求めていたことを考慮すれば、将来的に満次郎自身やその子供や孫などの血統が岡山藩を相続する可能性を想定したと考えるのが自然である。

事実、満次郎はのちに「章政」として岡山藩最後の藩主となった。

以上、鴨方藩主の家督相続の様相をみてきた。鴨方藩主の選定には、本家であ

郵 便 は が き

お手数ですが
切手をお貼り
ください。

102-0072
東京都千代田区飯田橋3-2-5
㈱ 現 代 書 館
「読者通信」係 行

ご購入ありがとうございました。この「読者通信」は
今後の刊行計画の参考とさせていただきたく存じます。

ご購入書店・Web サイト
書店　　都道府県　　市区町村
お名前《ふりがな》
〒 ご住所
TEL
Eメールアドレス
ご購読の新聞・雑誌等　　特になし
よくご覧になる Web サイト　　特になし

上記をすべてご記入いただいた読者の方に、毎月抽選で
5名の方に図書券500円分をプレゼントいたします。

お買い上げいただいた書籍のタイトル

本書のご感想及び、今後お読みになりたいテーマがありましたらお書きください。

本書をお買い上げになった動機（複数回答可）

1.新聞・雑誌広告（　　　　　　　　　）　2.書評（　　　　　　　　）

3.人に勧められて　4.ＳＮＳ　5.小社ＨＰ　6.小社ＤＭ

7.実物を書店で見て　8.テーマに興味　9.著者に興味

10.タイトルに興味　11.資料として

12.その他（　　　　　　　　　　　　　　　　　　　　　　　　）

ご記入いただいたご感想は「読者のご意見」として、新聞等の広告媒体や小社 Twitter 等に匿名でご紹介させていただく場合がございます。
※不可の場合のみ「いいえ」に○を付けてください。　　　　いいえ

小社書籍のご注文について（本を新たにご注文される場合のみ）

●下記の電話や FAX、小社 HP でご注文を承ります。なお、お近くの書店でも取り寄せることが可能です。

TEL：03-3221-1321　FAX：03-3262-5906
http://www.gendaishokan.co.jp/

ご協力ありがとうございました。
なお、ご記入いただいたデータは小社からのご案内やプレゼントをお送りする以外には絶対に使用いたしません。

る岡山藩の意向が大いに反映されていたといってよい。

とはいえ、必要に応じて幕府にも働きかける必要があった。様々な届け出を幕府に提出する必要があったのである。そのように考えた場合、藩主のすりかえや、実はすでに当主が死亡していた事実をいったい幕府はどこまで把握していたのか興味が湧く。幕府が全藩の内情を具に把握していたかは別として、急養子が認められてすぐに死亡届などを出している事例では、やはりある程度事情を知っていたか感付いていたのが自然だろう。何より幕府関係者のほとんどが大名や旗本であり、家督問題は決して他人事ではなかった。

届け出の順番を守れば、問題を大きくする意図が幕府にもなかったのである。

鴨方藩主系図

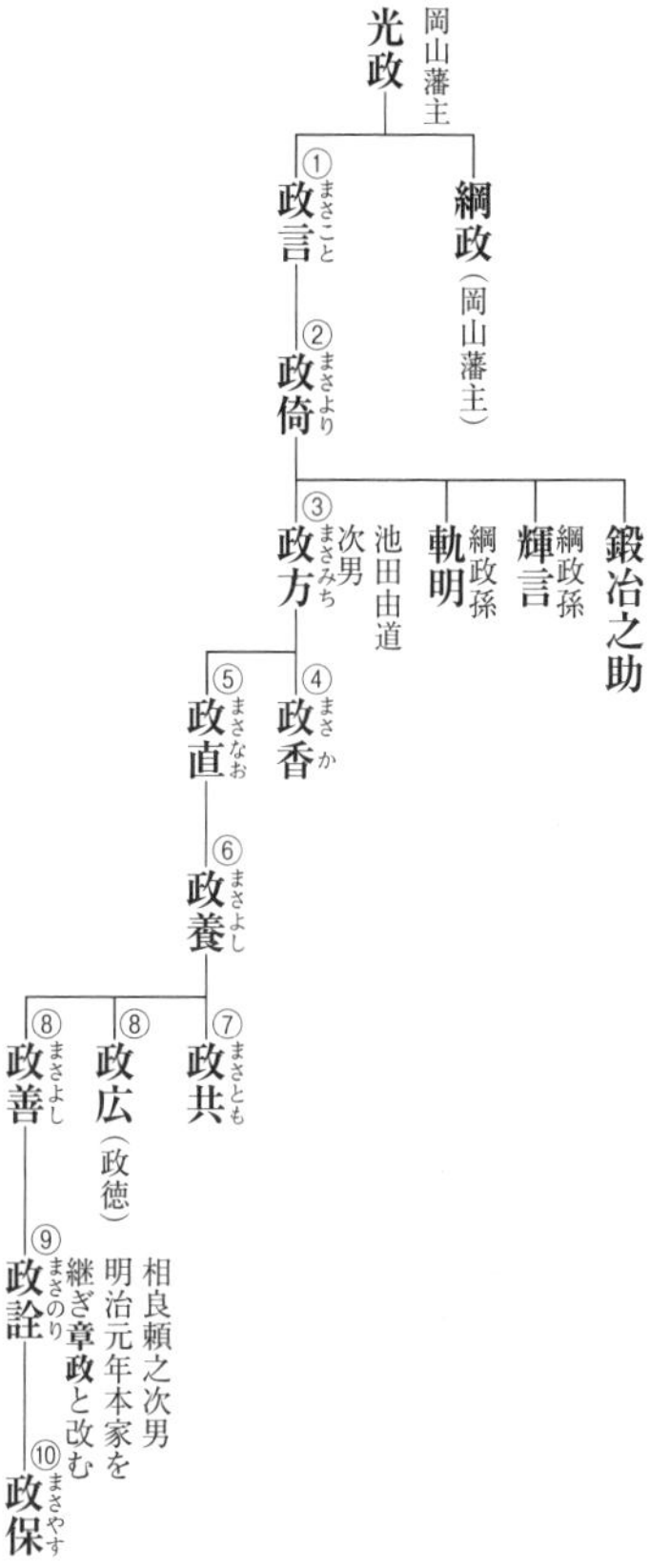

これも鴨方

谷田来右衛門・谷田弥五右衛門墓碑

岡山藩主池田光政は寺社を整理するとともに、儒学を重視した。そのため、神道請を推進したことは前述の通りであるが、儒式の祭礼を多くとり入れた。例えば、自らの先祖の墓碑についても儒式を積極的に導入した。

光政が和意谷（現在の岡山県備前市・国史跡）に整備した池田家墓所は、儒式にのっとり、墓石が亀趺と呼ばれる亀に似た空想上の動物の台石の上に建ち、その後方には円形の土盛が配置されている。

光政は家臣にも儒式の墓を求めた。さすがに規模の大きな儒葬墓は家老などに留まったが、それでも家臣全体で儒式の墓が造られたのは、光政時代の岡山藩政を強く反映したものである。

のちに鴨方藩領となった浅口郡内にも複数の儒葬墓が残されている。そのなかでも代表的なものに、谷田来右衛門と弥五右衛門父子の儒葬墓がある。

谷田弥五右衛門は、池田信濃守（政言）組に属し、上竹村（現岡山県浅口市）に村代官として赴任した。政言が鴨方藩主となったのちも岡山藩士として同村に居住し、延宝八年（一六八〇）にそのまま同地で没した。弥五右衛門は自分に同行した父来右衛門の儒葬墓を整備し、自らも儒葬墓を残した。儒学を広めるために、自らがその模範となろうとしたのだろう。

谷田来右衛門・谷田弥五右衛門墓碑

しかし、岡山藩が寺請制度に戻ると、儒葬墓自体が造られなくなっていき、藩主の池田家の墓は和意谷ではなく曹源寺境内の正覚谷墓所に置かれた。家臣団も仏式の墓を取り入れていくことになった。

谷田来右衛門と弥五右衛門親子の墓は、現在も良好な保存状況で並んで残されている。また藩の規定にのっとった墓制を採用していることからも、光政時代の岡山藩政を知るうえで、貴重な文化財といえるだろう。さらに、谷田氏の奉公書と墓碑名、そして代官屋敷の地名が一致することは岡山藩全体でも珍しく、これら文化財的価値から、浅口市の市指定文化財に指定されている。

これも鴨方

細川通董ゆかりの祭礼

大浦神社競馬神事

浅口市寄島町の大浦神社に伝わり、秋季例大祭で行われている。起源は、永禄二年（一五五九）に細川通董《みちただ》が伊予国川之江城から青佐山城に移り、沖合の三郎島に鎮座する八幡宮（現在の大浦神社）を現在地に遷座した際、地頭株と領家株からそれぞれ二〇頭の神馬を遷宮の行列に参列させたことに始まるといわれている。

大浦神社競馬神事

現在は、地頭・領家より各一頭を神馬として選ぶ。秋季例大祭は朝競馬のち、神幸が始まり、大浦神社を出発して、御旅所の青佐八幡神社を経て再び大浦神社に戻る還幸が行われるが、その間に昼競馬と留守競馬が行われる。その後、奴・御舟・千歳楽とともに神馬が神輿を奉迎する。そして、宮入神事の後に、鳥居から社殿前まで競馬を十二回行う競馬十二懸神事が行われる。

現在、浅口市無形民俗文化財に指定されている。

ひがさき踊り

浅口市鴨方町地域に伝わる踊りである（同じく浅口市金光町に伝わる「ひがさき踊り」とは別のもの）。この踊りは、貞享三年（一六八六）七月に、戦国時代に鴨方周辺を統治していた細川通董の百年忌法要が菩提寺である長川寺で行われたことが起源とされている。旧七月の炎天下に細川家の遺臣の末裔たちが日傘を差して踊り、後に、踊りの型に傘を取り入れて踊るようになった。これが、「日傘着踊り」の名の始まりといわれている。

ひがさき踊り

音頭取りが番傘を差して一畳台の上に乗り、隣には囃子手として一人の太鼓打ちが立ち、その周囲を首に手ぬぐいをかけた踊り子が反時計（右）回りに踊る。

太鼓と「カッチリドン、カッチリドン、カッチリ、カッチリ、カッチリドン」の囃子に合わせて踊り、横笛が入る。お招きといって横に振り向き右手を挙げる。両手を挙げたり、左右相互に手を挙げて前進し、また後退する。扇子を用いる扇子踊りもある。

踊りながら念仏を唱える念仏踊りを起源とする盆踊りが多いといわれるなかで、ひがさき踊りは雨乞いの踊りを起源とし、雨を求める農民たちの願いが込められているものとされている。

現在、浅口市無形民俗文化財に指定されており、鴨方ひがさき踊り保存会が踊りを後世へ伝える取り組みを進めている。

これも鴨方

鴨方の名産品

鴨方藩領はそれほど広い領地をもっていたわけではないが、北の遙照山系から南の瀬戸内海まで多様な地勢をもっていた。そのため、山の恵みや海の恵みを同時に享受することができた。なかには江戸時代に誕生して、今なお広く知られている名産品もある。

水の恵み

阿部山から流れる清流杉谷川は豊かな水量で知られ、水をいかした名産が知られている。

まずは、手延べ麺（そうめん・うどん）である。杉谷川一帯では古くから水車による製粉が行われており、手延そうめんの産地として知られた。現在も、冬になると手延そうめんをつくっている農家の軒先きに、「そうめんすだれ」が並び、鴨方の冬の風物詩として知られている。

手延べそうめん

とても喉ごしのよい手延べ麺として、幅広い層から支持を得ている、鴨方を代表する名産である。

もう一つ地酒が知られている。江戸時代より備中杜氏により酒造りが行われており、現在も良質の酒米を用いて盛んに行われている。

大地の恵み

鴨方の土質は水はけが良く、日照も良いため多くの果物や野菜の栽培が行われている。

岡山県は全国的な桃の特産地として知られているが、鴨方も例外でなく、町内のあちらこちらに桃畑があり、春には桃の花が咲き誇る。果物では、他にも葡萄のピオーネ（巨峰とカノンホールマスカットの交配）やあたご梨、みかんなどの栽培が盛んに行われている。野菜では、紫キャベツによく似たトレビスが良く知られている。

桃

海の恵み

鴨方藩の海の玄関口であった寄島では、今でも海の幸に恵まれた場所である。寄島漁港は、岡山県内有数の漁港であり、今も多くの小型底引き網漁船がこの港を基地に瀬戸内海で漁業を行っている。

近年漁獲量が多いものとして、カキやガザミ（ワタリガニ）、そしてシャコがよく知られている。

第四章　領内のすがた　多様な村と人々の活動

鴨方藩領は広くなかったが、多様な性格をもつ村と様々な人々の活動があった。

「山中結廬図」浦上玉堂（東京国立博物館蔵　出典　ColBase）

① 多様な村のすがた

鴨方藩の石高は二万五千石と決して大きな藩であったわけではなく、村数も二六しかなかった。しかし、実質的な陣屋町として発展した鴨方村から、漁村である大島中村まで、村ごとにその性格は大きく異なっていった。

鴨方藩領の特徴

鴨方藩が成立したのは、寛文十二年（一六七二）である。当初は岡山藩との領地が入り組んでいたため、煩雑なものだったといわざるをえない。そこで、貞享元年（一六八四）に領地替を行い、備中国の浅口郡・小田郡・窪屋《くぼや》郡《ぐん》の三郡に集中させることとなった。鴨方藩の石高は二万五千石であり、それほど大きな藩ではなく、むしろ小規模であったともいえる。村数も貞享年間（一六八四〜一六八八）以降二六村と多くはなかった。

しかし、鴨方藩ならではの特徴があった。例えば、溜池の多さである。鴨方藩領は瀬戸内海沿岸に位置し、日本全国からみても比較的に降水量が少ない地域である。そのため、水不足に悩むことが多く、溜池が多く作られている。

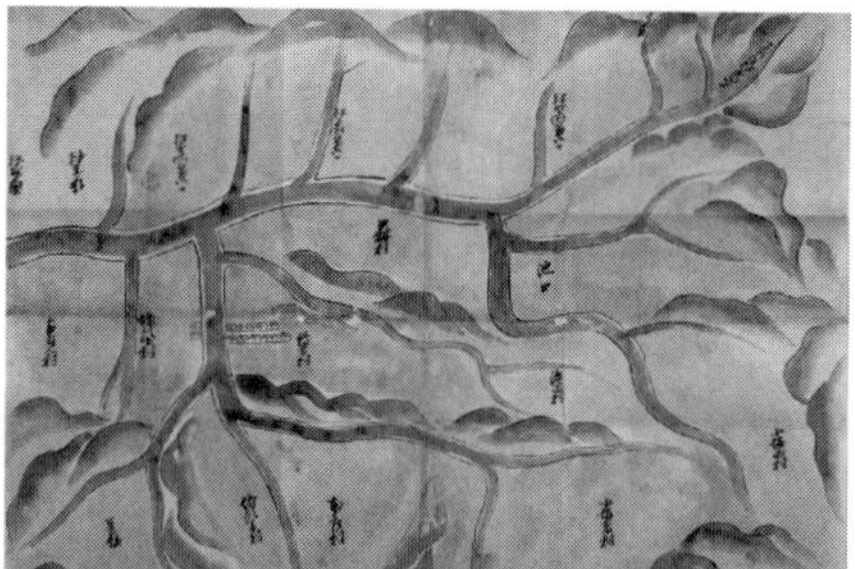

備中国浅口郡鴨方領村々絵図
（岡山大学附属図書館池田文庫蔵）

また、本家岡山藩との交流の多さがあげられる。後述するが、飢饉の際には岡山藩の領民からの援助があった。岡山藩の村の溜池から水を引く村もあった。また、氏宮では岡山藩領の神社が鴨方藩の氏宮に定められているところもあった。もちろん、鴨方村の人々が関わる他領の人々は岡山藩だけではないが、特に本家の村々との関わりは多かったのである。

在町鴨方

鴨方藩に「町」は存在しなかった。その代わり、陣屋が置かれた鴨方村が実質的な陣屋町の役割を果たした。「池田信濃守様御領分郡村手鑑」によると、町なみには三日市・上横町・中町・西町といった陣屋町らしい地名が確認できる。川手と上横町には「御本家様御立会也」と記されており、市場など何らかの形で岡山藩が関わっていたのだろう（『鴨方町史』史料編）。

また、鴨方村は、岡山城下から幕府の陣屋が置かれた笠岡村に向かう「鴨方往来★」の中継地点に位置しており、多くの人々が行き交う交通の要衝に位置した。

鴨方村では商業が許され、酒造も行われていた。また、周辺では綿作が行われており、鴨方村にいた出問屋が買い集めて、近隣の玉島港（現在の岡山県倉敷市）の買問屋へ売り渡していた。

鴨方往来

▼鴨方往来
鴨方往還、備中浜街道とも呼ばれる。岡山藩六官道の一つ。東の起点は岡山城下の栄町仙阿弥橋（現在の岡山市北区）付近と推定され、庭瀬、生坂（生坂藩）付近、長尾（現在の倉敷市）、占見（金光）などを経て鴨方に入る。さらに西進して福山城下（現在の広島県福山市）まで続く。

鴨方は、まさしく鴨方藩や周辺の村々の政治・経済の中心地であった。村ではあるが、町としての性格を併せもちながら発展した、いわゆる「在町」として発展していった。さらに、江戸時代後期には郷校観生社（現在の岡山県浅口市）や私塾欽塾（現在の岡山県浅口市）といった教育施設が置かれ、学問を志す人々が集う町となる。

漁村

鴨方藩領は瀬戸内海に面しており、大島中村の正頭・東大島中村の国頭・西条院中村の安倉は当初農業を中心に海辺で漁を行っていただけだったが、その後沖へ進出し、本格的な漁業に取り組むようになった。しかし、そのため明和七年（一七七〇）には幕府領の西浜村、そして安政七年（一八六〇）には同じく幕府領の黒崎村と漁業権をめぐって争論になった（『寄島町誌』）。

これら漁村では運上銀を鴨方藩へ納めており、嘉永年間（一八四八〜一八五四）には西安倉に魚を取り扱う市場が整備された。

また、漁業だけでなく、瀬戸内海を往来する人や荷を輸送する港も整備されていった。近世中期には寄島《よりしま》（早崎）港は鴨方藩の外港として発展した。それに伴い、港町として発展し、綿生産のための肥料としても活用する油粕《あぶらかす》・干鰯《ほしか》など

寄島漁港

の荷揚げが行われた。西屋や板屋といった大店が倉庫を構え、彼らは鴨方藩だけでなく、例えば西屋は足守藩の藩札を発行する権利をもち、鴨方藩を超えて活躍した。

港には問屋商人がおり、彼らは自らもしくは小売商人を介して農民に肥料を売りさばいた。また農民が生産した商品を取り扱った。

明治に入り、鴨方藩は明治元年に奉行水田右衛門下役渡辺太惣治に命じて、寄島港（早崎港）の築港を行い、寄島は港町として一層発展することになった。

寄島の板屋で引替した切手

②鴨方領内の産業

瀬戸内海に接していた鴨方藩領では、塩田など、瀬戸内ならではの産業が発展していった。
そのなかには酒造や製麺業といった現在も続いている産業があり、
地域の大切な特産品として受け継がれている。

塩田

瀬戸内海沿岸で精製される塩は今でも名産品であるが、古代から塩の生産地として全国に知られており、中央政権に貢納されていた。例えば、備中国浅口郡の犬養部《いぬかいべ》鴈手《かりて》が、飛鳥寺《あすかでら》★の塩を焼いていたという記述が『続日本紀★』の霊亀二年（七一六）の条にある。

江戸時代にも塩は積極的に生産されていた。浅口郡に領地をもっていた鴨方藩領の漁村でも例外ではなく、海に面していた西大島村や大島中村などでは、塩浜台があり、塩を作っていた。

瀬戸内海では、入浜式塩田という方法で塩をとる塩田が多かった。これは、塩田に海水を自然に流し、毛細管現象によって高い濃度の海水を造り、その上で海

▼飛鳥寺
古代に蘇我馬子が造営した、日本最初の本格的な伽藍を備えた寺。法興寺・元興寺とも。

▼『続日本紀』
古代に律令国家が編さんした史書（六国史）の一つ。延暦一六年（七九七）完成。全四〇巻。

水を煮ることで塩を作る方法である。鴨方藩領でも広く導入されていただろう。瀬戸内海沿岸での新規塩田の開発は、江戸時代中期から後期にかけて活発になった。鴨方藩領では、正徳元年（一七一一）の段階で製塩が行われていた。その後も塩田の開発が進み、天保年間（一八三〇～一八四四）に寄島塩田が開発された。明治初年には全長二キロにおよぶ塩田が形成された。寄島には鴨方藩の「御用場」が設置され、生産された塩の管理が行われていた（『寄島町誌』）。

綿作

備中南部では、江戸時代の始めから木綿の生産が行われていた。その後も新田を中心に幅広く綿作が広く行われるようになり、なかには田の半分、畑では八割近くに木綿が作付けされる村もあった。

先述の通り、鴨方藩領でも、積極的に綿作が行われてきた。例えば、寛政二年（一七九〇）には、六条院東村ではそれぞれ水田綿作率六二パーセント・畑綿作率八四パーセント、また、占見新田村では水田綿作率一三パーセント・畑綿作八二パーセントに達しており、いかに綿に頼っている様子がみて取れる（『岡山県史』近世Ⅲ）。

酒造

鴨方村では先述の通り酒造が行われていたが、江戸時代後期にさらに広がりをみせる。一説には、文政年間（一八一八～一八三〇）に、大島村の忠吉という人物が酒造で著名な摂津国灘《なだ》（現在の兵庫県神戸市）で酒造りを学んだとされ、その技術が広まって、清酒の醸造が盛んに行われるようになった。明治以降醸造はますます盛んとなり、その品質の高さから西灘と呼ばれるようになった。

製麺業

瀬戸内沿岸は麺の原材料である小麦の産地として知られており、また塩田から良質な塩がとれることから、麺づくりの土壌は整っていた。江戸時代後期の文政年間（一八一八～一八三〇）ごろから備中の浅口郡北部の農家の副業として行われるようになった。

さらに、麺の生産地として知られる播磨（現在の兵庫県西部）から職人を招き、水車を用いた製粉技術が広がることで生産量が増加した。明治以降生産はさらに活発になり、現在も備中手延麺として、広く流通している。

手延べ麺門干し

3 人々の活動

ここで鴨方藩領の人々の活動の様子を少しのぞいてみよう。人々は時に対立し、災害に見舞われながらも、必要に応じて村を超えて、他の村やさらには他領の人々とも協力しながら問題を解決した。そして寺社参詣をして気晴らしをしながら、日々を過ごしていた。

村を超える活動

近世社会の村といえば、「ムラ社会」などと呼び、閉鎖的なイメージで語られることも多い。確かにそういう一面があったことは否定できないものの、村人が他村とまったく交流がなかったわけではない。むしろ積極的に交流していたというべきである。

「池田信濃守様御領分郡村手鑑」によると、各村の石高や田畑の面積、人口、氏宮、檀家などの様子が記されている。

氏宮など、岡山藩から引き継いだ制度がみて取れるが、なかには岡山藩領にある神社（神前大明神《かんざきだいみょうじん》、十《じゅう》二《に》社権現《しゃごんげん》）を氏宮に定めていた村もある。鴨方藩領の人々は必要に応じて岡山藩領の村々の人々と交流を深め、連帯感を培っていったのだ

鴨方藩内の村内の様子

村　名	村　高	家数	人数
鴨方村	1205.11	178	1242
本庄村	934.14	158	853
小坂東村	835.75	174	1091
小坂西村	1172.78	139	962
深田村	727.1	130	758
六条院西村	943.1	186	1560
六条院中村	1301.95	206	1390
六条院東村	611.94	88	577
尾坂村	590.1	88	581
口林村	1373.1	181	1675
池口	1222.33	132	755
西大嶋	1115.456	152	1340
西大嶋新田	357.371	42	214
大嶋中村	1307.203	232	1930
東大嶋	847.641	157	1356
占見新田村	1143.47	143	850
八重村	793.71	41	262
道越村	1698.99	71	503
七嶋村	2444.45	64	530
西阿知新田村	326.94	19	139
四十瀬新田村	976.23	68	390
福井村	380.32	28	196
埋川村	164.59	16	不明
白楽市新田	816.55	27	188
笹沖村	1340.35	70	506
吉岡村	556.21	23	192

（「手鑑」『鴨方町史』史料編より）

ろう。

また、用水路の維持・管理の費用を新見藩や岡山藩、鴨方藩領の村で分担している事例もある（西阿知新田村）。こういった他領・他村との関係が往々にして問題を生じることもあるが、他領の村との共同作業を行わなければ、村々は成り立たなかった。

領民は私用で村を離れることもあった。代表的なものは寺社参詣である。近世では、本来容易に遠方に出かけることは許されなかったが、平和な時代が続き、規制も次第にゆるくなってくると、信仰という名目で男女問わず遠方へ出かけた。

例えば、鴨方藩領からだと日帰りでも可能な場所にある瑜伽山《ゆがさん》★（現在の岡山県倉敷市）や岡山城下に近い西大寺《さいだいじ》（現在の岡山市東区）、瀬戸内海を渡る琴平山《ことひらやま》★（現在の香川県琴平町）、やや遠方になると、大山《だいせん》★（現在の鳥取県大山町）や四国八八カ所巡礼、そして伊勢神宮《いせじんぐう》（現在の三重県伊勢市）がある。もちろん、その背景には今の人々と同じく、観光（物見遊山）という側面が多分にある。伊勢神宮に行く途中に京や大坂といった都市を訪ねて、各地の名所旧跡に触れる機会を得た。ここと観光という面では、基本的に参勤交代で江戸と領内しか移動できない藩主よりも、領民の方が楽しむ機会に恵まれていたかもしれない。

鴨方藩領を含む備中国の人々に人気があったのが四国八八カ所巡礼であった。あまり裕福でない農民でも巡礼に出かけていた。現在まで続く、巡礼者に飲食物などを振る舞う接待所が道中に置かれていた。接待所のうち、他地域の人々が四国に訪れ、巡礼者をもてなす接待講という形態があるが、備中の接待講★は盛んで、鴨方藩領が含まれている浅口郡や小田郡の人々は積極的に活動していた（『岡山県史』近世Ⅲ）。

変わる村のすがた

江戸時代、鴨方藩に限らず、財源の多くを年貢に頼っていたことから、農家の

▼瑜伽山
瑜伽山蓮台寺と由加神社がある。古代より霊場として知られる。岡山藩の庇護を受け、金毘羅参りの途中に立ち寄る人、また四国からも参詣者がいて賑わった。

▼琴平山
香川県の山。金毘羅山ともいう。「こんぴらさん」として知られる金毘羅大権現（現在の金刀比羅宮）があり、朝廷から庶民まで身分に関係なく多くの人々、特に航海関係者から信心を集めた。

▼大山
鳥取県および中国地方の最高峰（標高一七二九ｍ）の山。「出雲国風土記」にも記され、古代より霊場として知られ、中世は大山寺を中心に多くの僧兵を抱えた。近世には幕府より三〇〇〇石の寺領を与えられた。

▼接待講
霊場寺院で接待を行う参拝団。複数者で参拝して、巡礼者に接待をする。現在でも浅口市民による接待講がある。

没落は避けねばならない問題だった。そのため、幕府は寛永二十年（一六四三）に田畑永代売買禁止令★を、延宝元年（一六七三）には分地制限令★を出して、農民の間に格差が広まったり、本百姓が土地を失わないようにする処置を出したことはよく知られている。また、備中鍬《びっちゅうぐわ》★といった農具の改良や新た土地の開墾などで、百姓は収穫量を増やすことができた。

しかし、ひとたび災害が起きると、多くの領民に犠牲が出ることは避けられず、また、商業や流通の進展による貨幣経済の発展が村にも大きな影響をおよぼすことで、百姓間の格差が生じることは避けられなかった。

鴨方藩領も同様で、実際には田畑を売り渡すことが行われていた。その際に「九十年切りで売り渡す」、「五十年切りで売り渡す」といった期間を限った売買が行われた。期間を定めることで「永代」ではないと主張するものだろう（『鴨方町史』）。しかし、数十年で売り渡すとなれば、売主本人には田畑は確実に帰ってこない。永代売買禁止令は次第に形骸化していったといっていいだろう。

こうして土地を集積して豪農化する者と土地を失い没落する者が増えていった。

台頭する民の力

没落する人々がいる一方、着実に力を蓄える人々もいた。

▼田畑永代売買禁止令
寛永二〇年（一六四三）、江戸幕府が小農民の没落を防ぐため、農民が自らの田畑を年季を限らず永久に売り渡すこと（永代売）を禁じた法令。実際にはその後も永代売は続いたが、明治五年（一八七二）に新政府が廃止するまで効力を保った。

▼分地制限令
延宝元年（一六七三）、幕府が農民の零細化を防ぐため、名主が二〇石、一般農民が一〇石以上の所有者のみに土地の分割を認めた法令。

▼備中鍬
水田の開墾などに深耕用の鍬として使用された二〜五枚程度の鉄歯をもつ農具。江戸時代中期から後期にかけて全国へ広まった。

鴨方藩領を含む備中国の有力者をまとめた「備中国丸持ち角力番付」には、「世話方」として、鴨方村の嶋屋と奈良屋が記されている。

このうち奈良屋は、大庄屋にも任命された高戸家のことである。醤油醸造や油商、金融などを手掛け、長らく鴨方にて存在感を示した。

一族で活躍した者は多い。高戸善七郎は、田畑の破損した際には自費で普請を行い、貧しい者には金銀を援助した。そのため、鴨方藩より褒美を与えられた。

善七郎の弟源兵衛は、醤油醸造を創め、家業の繁栄に貢献した。娘婿の楽山は、隠居後に和歌を嗜み、文化人としても知られた。

さらに、楽山から三代後の吉平は、幕末に鴨方藩へ積極的に献金し、池の灌漑事業にも関わった。

同じく幕末には、大島村の渡辺太惣治が土木事業に功績を残した。鴨方藩から士籍を与えられて普請奉行などに任命され、領内に新池を整備し、海防のために砲台を設置した。明治元年に鴨方藩が寄島港を整備した際には、海岸の埋め立て事業を受けもったという。

彼らはただ富を集めるだけではなく、地元の有力者として地域の発展に貢献して、その名を今に伝えている。

鴨方藩の飢饉

江戸時代には、全国で飢饉が起こった。旱害が起こり、疫病も流行して、時に多くの死者が出た。鴨方藩ではどうだったであろうか。

以下の表は『鴨方町史』をもとに別表を作成したものである（※は鴨方藩成立前の災害である）。

飢饉といっても理由は様々である。大虫害、大豪雨による洪水、逆に雨が降らないこともあった。こうした様々な理由で田畑からの収穫ができなくなり、物価が高騰して、領民の暮らしが厳しくなった。特に享保十八

鴨方藩内の飢饉一覧

	年　代	内　容	出来事
※	承応３年（1654）	承応の大災害	７月19日～22日の大豪雨による大洪水で田畑が荒廃
1	享保17年（1732）	享保の大飢饉	ウンカ・イナゴの大発生の虫害
2	享保18年（1733）		多数の飢餓人発生のため、池田政倚は毛見を実施。餓死者多数
3	明和７年（1770）	明和の飢饉	６月上旬から８月下旬にかけ、雨が降らず大旱魃に。餓死者多数
4	天保７年（1836）	天保の大飢饉	５月から７月にかけて雨が多く、物価が高騰
5	天保８年（1837）		物価がさらに高まり、餓死者が多数、疫病もはやる
6	嘉永３年（1850）	大洪水	６月３日から同27日まで大洪水。安江大川（東高梁川）の堤防決壊。鴨方藩領の村々も浸水

年（一七三二）の飢饉は大規模のものとなった。

享保十七年、西日本は大規模な凶作となった。長雨が続き、害虫が稲を食べつくしてしまった。鴨方藩領も例外ではなく、藩主池田政倚は緊急の措置として、従来取り入れている年貢を定量で徴収する定免ではなく、収穫にあわせて徴収する毛見法を導入した。

大規模な凶作になれば、飢饉が起こる。西日本では翌十八年にかけて深刻な食糧不足となり、多くの餓死者が出る事態に陥った。鴨方藩領でも飢人《うえにん》は四〇〇〇人を超え、領外に流浪する者も現れただけでなく、餓死する者もいたという。例えば、六条院西村では五六人、六条院中村では五八人、六条院東村では二三人の餓死者が出た（『六条院町誌』）。このような状況で、ついに一揆が起こったといわれている。

それをみて助け舟を出したのが、本家岡山藩領の大庄屋岡谷村勘十郎と西原村羽右衛門である。鴨方藩の大庄屋に対して、次のような申し出を行った。

内匠頭様（池田政倚）の御領分の御百姓は昨年の年貢をいまだ皆済できておらず、今年の春になって貧しい者が難義をしていると聞いています。御本家様（岡山藩）の御百姓にも難儀している者は多いけれども、御存じの通り村々で「育麦」という備蓄麦があり、そのうえ岡山藩からの支援もあって飢餓になるほどではありません。しかし、そちらの御百姓中は難儀をしているとお見受けします。もし、飢人などがでれば気の毒なことです。なにかと難儀のことでしょうから、(我々に)御相談できることがありませんか。御上(領主)が同じ池田家であることから、このまま何もしないわけにはいきません。

このような岡山藩側の大庄屋の好意に対し、鴨方藩側の大庄屋は感謝するばかりであった。そこで、改めて領内の被害状況を岡山藩側に伝えた。まず「極貧者」と「至極貧者」に分け、特にひどい「至極貧者」が男性一七五五人、女性が一九八六人合計で三七四一人とまとめ、岡山藩側の勘十郎と羽右衛門に提出した。「極貧者」と「至極貧者」の定義は不明であるが、後者は特に生命の危険が懸念されるほど貧しい者ということだろうか。

当時の鴨方藩領の領民は一万五〇〇〇人弱といわれていることから、およそ五人に一人が生命の危機が迫るレベルであったということがわかる。このような規模の飢饉に幕府からも老中松平乗邑《のりさと》の名で注意を受けた。それも、幕府への挨拶や献上、役などは免除して、領民の救済に全力で取り組むよう指示を受けるという、厳しいものだった。しかし、鴨方藩独自で救済することは難しかっただろう。岡山藩領の大庄屋だけでなく、本家岡山藩自身も幕府が注意を出したことを重視し、鴨方藩と連携して解決にあたることとした。その結果、領内も落ち着きをみせたという（『新修倉敷市史』近世上）。

争論

江戸時代、どこの地域でも村人同士、村と村、さらには支配者の領域を超えた争論が起こった。特に水利については、生活や命に関わることであるので、灌漑用水の利用などをめぐって争論が起こった（水論）。

鴨方藩領のうち、占見新田村・八重村・道越村・上竹新田村・七島村は占見川を利用していたが、排水をめぐって大きな悩みの種となっていた。占見川、丸山川、霞川が合流する場所にある裏川に土砂が堆積したのである。しかも、隣接する阿賀崎新田村《あがさきしんでんむら》（備中松山藩領）が裏川にできた中州を開発したため、遊水池としての機能が低下した。

そのため、鴨方藩領と阿賀崎新田村の間で何度も水論となり、三度にわたって幕府評定所での争いとなった。

元文二年（一七三七）の水論では、川幅を定め、上流は鴨方藩領の村が堀浚えを行うこと、普請費用などを折半することなどが定められた。

寛政元年（一七八九）には、阿賀崎新田村が川尻に設けた堰（八町洲堰）が問題となり、結局渇水時のみ利用することなどが決められた。

三度目は文化九年（一八一二）から争論となり、文政二年（一八一九）に内済★になるまで解決に七年を要した。阿賀崎新田村が八町洲堰を土堰に改修して、堤を設け、川中にまで竹木を植えるなどしたため、占見川の排水が困難になったと鴨方藩領の村々が訴えた。結局土堰の一部を板堰にすること、川中に植えている竹木を取り除くこと、占見川川筋の掘り浚えはこれまでの通り双方立合いの相談で行うことなどで内済となった。

ところで、この時、鴨方藩領村々と阿賀崎新田村との間で別の争論も起こった。それは増原池（現在の岡山県倉敷市）の改修問題で、隣村の陶村（岡田藩領）の字大堂川から増原池まで約五〇〇メートルの新井路を整備して、増原池の貯水量を増やす予定であった。

鴨方藩領は交渉を続け、陶村や道口村の承認を得たが、阿賀崎新田村は異議を唱えた。同村は流末の場所で、満水になって水が溢れると川下の村に被害が出るという理由であった。この件も幕府評定所に訴えられた。結果、堂宇川に石堰を設けて増原池に続く新井路を掘ること、溜池の水量が一定量を超えると石堰を閉じること、また阿賀崎新田村で水害が発生するのを防ぐための川浚えや堤修復の費用は鴨方藩領の村から阿賀崎新田村に銀二〇貫目を渡すことなどが定められた（『新修倉敷市史』近世上）。

▼内済
争いを当事者内で内々で済まして、和解すること。幕府や諸藩は内済を励行した。

水の問題は農業を営む村々にとって死活問題である。そのため、時にはこのように領主を超えた争論が発生した。とはいえ、常に村々は対立していたわけではない。争論を通して、妥協点が図られ、双方にとって少しでも良い条件で解決できるよう話し合いが進んだ。

幕府側も、恣意的な決定を下すのではなく、両者が納得できるよう働きかけたのである。

④

鴨方藩領の寺と領民のつながり

江戸時代の寺は、現在以上に人々の暮らしに根差した存在であった。
鴨方藩でも同様で、村人の身分証明書を発行し、公的な存在であった。
一方で寺は藩とは違う本末制度に組み込まれ、そこでのトラブルは幕府や本山も関わるものだった。

領民の身分を証明する寺

鴨方藩領は岡山藩領同様寺請制度を導入し、領民はいずれかの寺に所属（檀家）することとなり、寺は多くの証文などを発給した。

例えば、村人が旅行をする際に、国々の関所を通行する際の身分証明書となる「往来手形」がある。また、奉公に出る際にも、奉公先への証明書も寺が出した。他村へ嫁ぐことになり、違う寺に所属することになると、「宗門放手形」や「宗門送手形」を受け入れ先の寺や村役人にあてて発行した。受け入れ側の村側も寺に返信を出していた。

こうした寺請は、領内にキリシタンや幕府と対立した日蓮宗の一派で、他宗派信者の布施は受けず、施しも行わない考えをもつ不受不施派やその一派である悲田宗などの信者がいないことを証明するためである。そのため、定期的に寺側は領内にそのような者がいないことを証明する必要があった。

毎年三月か四月に宗門占判《しめはん》を行う。これは幕府が禁じた宗派がいないことを確認するもので、長川寺（現在の岡山県浅口市）と明王院が隔年で場所を提供した。鴨方藩の役人が訪れ、寺社や山伏などが、それぞれキリシタンがいない旨の証文を提出し、それを本寺が占判をすることになる。村役人らがこれを見届ける（『鴨方町史』）。

また、毎年八月六日には、主だった寺院の宗門改めもあった。七月下旬には鴨方藩の寺社奉行から明王院と長川寺・円珠院・浄光寺・正伝寺・龍城院・霊山寺に対し、岡山へ来岡《らいこう》するよう通知がある。そこで寺社奉行宅へ行き、各寺内はキリシタンのいないことを誓約するのである。

長川寺と領民

鴨方藩領が多く含まれる浅口郡では特に天台宗が多かったが、なかには、鴨方村の長川寺（曹洞宗《そうとうしゅう》）のように別の宗派の名刹もある。長川寺は岡山藩や鴨方藩の庇護を受け、両藩との関係は深く、鴨方藩主が領内巡見で鴨方を訪問した際には、住職が面会し、直接会話をすることも許された。ここでは長川寺の記録から同寺の活動と人々のつながりをみていこう（『鴨方町史』史料編）。

寺請制度により寺が領民の身分証明のような「公的」な役割を担うことになったとしても、根元にあるのはやはり先祖供養のための法要といった宗教儀礼である。


宝暦十二年（一七六二）、この年は備中で降雨が少なく、池の水や井戸も乾き、せっかく植えた農作物も枯れるといったありさまだった。五月末より大島八幡宮（現在の岡山県笠岡市）に人が集まり雨ごいを始めたが一向に降らない。その後、鴨方藩より明王院にも雨ごいを依頼し、祈りを行ったが、それでも降らない。困った領内の人たちは、長川寺にも雨ごいの祈念を求めてきた。

そこで、長川寺では法華経を連日読誦したところ、六月十日についに雨が降り、喜んでいたが、思うほどの雨量にはならなかったらしい。そこで、他の寺とも合同で大規模な雨ごいをすることになり、ついに六月二十六日にまとまった雨が降った。

しかし今度は効果がありすぎたのか、八月八日には大雨・大風になり、逆に領内に被害が出る事態になり、「万民難儀の年」となってしまった。

雨ごいは臨時的な祭事であるが、長川寺では年中行事も行われていた。釈迦入滅の二月十五日には、大乗仏典の一つである楞厳経《りょうごんきょう》が読まれ、大鐘が鳴り、参詣者が多く賑わった。

一方、長川寺は愛宕《あたご》大権現や金毘羅《こんぴら》大権現を自らの境内で祀っていた。毎年六月二十四日は愛宕祭が行われて、長川寺が鏡餅を供え、前日には氏子が訪れて掃除を行った。九月二十八日の鎮守祭礼では、前日より社檀の掃除を行い、当日の夜中には僧が経を読んだという。

明治時代まで日本は神と仏を一体とする神仏習合の考えが一般的であったので、こういった景色は珍しいことではなかった。鎮守祭礼の際には若者相撲も執り行われたようで、このような催事は村の人々の日常のストレス発散の場にもなっていただろう。

明王院と末寺の対立

江戸時代、幕府は寺院の本末、制度を作り、本山とその末寺を宗派ごとに明確に定めた。そのため、全国の寺院は必ずどこかの本山に属し、本山に末寺を統括する権限が与えられたのである。

だが、本山がすべての末寺を直接管理するのも難しく、そのため本山からは末寺ではあるが、他の末寺を統括する本寺（中本寺）が存在していた。これも本末関係という。

しかし、江戸時代は二百六十年もあるわけだから、時には意見の相違などから

長川寺

明王院

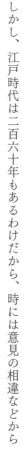

本山と本寺、または本寺と末寺が対立する事例も当然ありえた。鴨方藩内の寺であっても例外ではない。

ここでは、本寺である明王院とその末寺の対立をみていこう。

文化七年（一八一〇）、天台宗で本寺を務める明王院の末寺である安養院《あんよういん》の住職が隠居することとなった。末寺側は明王院に対し、無量院《むりょういん》の住職である恵海《えかい》を安養院に入れ、無量院にはその法弟である大教房《だいきょうぼう》を住職にしたいと申し出た。明王院は恵海の転住は認めたが、大教房の住職就任は断った。表向きの理由は、大教房の人物に対して不安視したことや、無量院が荒れていたため、明王院自らで整備したいというものであった。しかし、実際には末寺の法類《ほうるい》（師匠と弟子のつながりなどで非常に近しい関係の寺院同士のこと）が三カ寺を超えることが認めないという内規があり、同じく末寺であった龍城院《りゅうじょういん》の法類が三カ寺を超える可能性があったからだという（『鴨方町史』）。

恵海は明王院の方針に不満をもち、転住願いを取り下げた。これに対し、同じく末寺の本性《ほんじょう》院《いん》の仲介もあり、両者は和解して、恵海が転住することとな

明王院の末寺一覧

寺名	所在村
本性院	黒崎村
円珠院	六条院西村
寂光院	大谷村
円乗院	乙島村
龍城院	大島村
福寿院	柏島村
大光院	佐方村
安養院	黒崎村
泉勝院	占見村
常照院	乙島村
蓮花院	黒崎村
海蔵寺	黒崎村
善城寺	須恵村
無量院	須恵村
本明院	須恵村

（『鴨方町史』より）

った。しかし、一連の動きに末寺側は不満をもち、本寺との連絡役である「年行事」（この年は大光寺）を通して、本寺のやり方は「迷惑」であると連名で明王院に申し出た。その後の本寺とのやりとりも不調に終わったため、末寺側は明王院の末寺を離れる意思を示し、京都の山科御殿《やましなごてん》（現在の京都市山科区。毘沙門堂門跡）や、大仏御殿《だいぶつごてん》（現在の京都市東山区。妙法院門跡）にその願いを出した。一方、明王院も天台宗の総本山である延暦寺から呼び出された。

鴨方藩も手をこまねいたわけではなく、宗派は違うものの同じく領内の古刹であった長川寺に調停を求めたが不調に終わった。明王院は江戸の寛永寺に裁許の依頼を出し、末寺側（本性院と円珠院）も江戸に呼ばれた。結果として内済を申し付けられたが、それも文化十年（一八一三）に一度破談し、再び調停が図られて、同年内に内済した。

これら対立の背景には、末寺の住職の決定権は本寺にあるという明王院と、それは建前であるという末寺側の見解の相違があった。

さて、文政五年（一八二二）、またしても両者で緊張が走った。今度は明王院の住職である亮性が隠居することになり、寛永寺の子院である青龍院《せいりゅういん》の弟子である亮詮が候補となった。しかし、その人事に納得しない寺が九カ寺に及んだ。結局亮詮は明王院に入寺したが、反対派たちは納得せず、末寺が参加して行われる地蔵講★・仏性会★・祖師会★・慈恵講★なども別々に行った。こうした事態を亮詮は耐

▼**地蔵講**
地蔵菩薩の功徳をたたえて営まれる法会のこと。

▼**仏性会**
釈迦の誕生日である陰暦四月八日。仏生日に行われる法会。降誕会。灌仏会。

▼**祖師会**
仏教で一つの宗派を開いた祖師の命日に行う法要のこと。ここでは伝教大師（最澄）を指す。

▼**慈恵講**
第十八世天台座主で天台宗中興の祖ともいわれる良源（慈恵）の命日に行われる法要のこと。

えられず、文政九年（一八二六）に出奔してしまった。そのため、十年にわたり明王院は無住となり、代判を円珠院が、寺役は明王院の隠居が務めた。

その後、天保九年（一八三八）に入って亮淳が東叡山寛永寺の意向で明王院の住職となったが、三年後の天保十二年（一八四一）になって末寺側がその後任の決め方に異議を唱えた。当初は岡山で調停が進められたが、不調に終わり、改めて東叡山にて吟味が進んだ。東叡山は末寺の訴えを取り下げたが、末寺側は幕府の寺社奉行に訴え、そのうえ老中青山忠良《ただなが》（丹波国篠山藩主）が駕籠で移動中に待ち受け訴状を用意する駕籠訴を行うなど、積極的に運動を進めた。その後も岡山や東叡山にて調停が進められたが、解決しなかった。

明治に入り、東叡山から梶井・青蓮院・妙法院の三門跡★に天台宗の統括権が移った。円珠院や龍城院は京都粟田口青蓮院門跡の末寺になることを望んだが、明治三年（一八七〇）、この三宮院から鴨方藩に対し、円珠院や龍城院は明王院の付属である旨の書簡が届いた。そこで、鴨方藩は両寺の住職を、本末の乖離を進めたという理由で解任したのである。その後本末関係が本山と地方寺院の関係に限られるようになり、円珠院らが延暦寺の直末《じきまつ》★になることでようやく明王院から離れることになった。

一連の問題は、鴨方藩領内で解決せず、明治という新しい時代になるまで、本末関係は解決しなかったということになる。

▼門跡
一門の祖師の法流やその法流を継承する僧・寺院を指す。中世以降皇族や貴族の住む寺院を指す意味へと変わり、近世には幕府が宮門跡・摂家門跡・准門跡に区別した。

▼直末
総本山直属の末寺のこと。

5 鴨方藩の学問

江戸時代、文書社会であり、支配者だけでなく領民にまで文書作成能力が求められた。そのため幅広い層にリテラシー（文書読解能力）が必要になり、彼らを対象にした学校が設けられた。鴨方藩でも例外ではなく、多くの学校が建てられた。

岡山藩の学校

二百六十年に及ぶ近世社会では、初期こそ大坂の陣や島原の乱といった大きな戦いが起こり、その後も時に領民による一揆が生じたものの、「天下泰平」と呼ばれる安定した社会が続いた。

社会が安定すると、支配者層には戦うことよりも官僚としての能力が、また領民にも町や村を運営する自治能力が一層求められた。こうした能力を身に付けるために、近世日本は後世「教育爆発」と呼ばれるほど、多くの学校が整備されていった。身分制社会下という制約はあったものの、様々な人が学校にて読み書きそろばんといった初歩的な内容から、高度な学問まで学ぶことができたのである。

教育という面において、岡山藩は近世日本の先進地だった。先述の通り（二五

～二七頁参照）、岡山藩主池田光政は教育に力を入れ、領民を中心に学ぶ郷校閑谷《しずたに》学校や、藩士を中心とする藩校岡山藩学校を整備した。また、領内の各郡に手習所を設け、浅口郡では鴨方村に手習所が設けられた。財政難もあり、延宝三年（一六七五）には閑谷学校に一本化されたが、閑谷学校の名は藩外にも知られ、岡山藩以外からも学びに来る者がいるほどであった。

分家である鴨方藩ではどうだったのだろうか。鴨方藩四代藩主である池田政香は、学問に熱心であったといわれ、江戸から岡山城に戻ると、岡山藩学校を訪れ、藩校の儒官を鴨方藩邸に招いたという。

しかし、岡山藩校に訪れたということは、鴨方藩独自の藩校が当時なかったからではないか。また、生坂藩の藩士が閑谷学校で学んだ記録も確認できる。分家の家臣や領民は、岡山藩学校や閑谷学校で学ぶことが多かったのだろう。

鴨方藩の郷学

藩校は創設されなかったが、郷校については幕末に鴨方藩でも独自に創設する動きが確認できる。慶応三年（一八六七）になって鴨方村に郷校観生社《かんせいしゃ》ができた。幕末の藩主池田政詮の藩政改革の一環だろう。

建物は草葺の二階建で、三間梁《はり》（奥行き約五・四メートル）に一二間の桁行《けたゆき》（横

閑谷学校

幅約一八メートル）であった。中央に二間半梁（同約四・五メートル）で八間の桁行（同約一四・五メートル）の玄関があり、左右に教室が配置されていた。鴨方藩主池田政詮自筆の「観生社《かんせいしゃ》」と記された額を学堂に掲げてあったという（『鴨方町誌』及び『鴨方町史』）。

主任は安藤斐男《あんどうあやお》で、総監は熊谷克巳《くまがいかつみ》、教授は牧融吉《まきゆうきち》・浦上宗尚《うらかみむねひさ》（玉堂の孫）・三沢一策・渡辺左太蔵《わたなべさたぞう》のほかに、客分として備中国一橋家領の郷校興譲館《こうじょうかん》から横《よこ》尾練蔵《おれんぞう》や岡山藩学校の西山菽翁《にしやましゅくおう》（拙斎の曽孫）が招かれるなど、他藩や本家からも学者を招いて充実を図っていた。また、明治二年（一八六九）に鴨方藩大庄屋の高戸伊之丞が観生社の会計を命じられるなど、領民も関わっての学校経営であったようだ。

生徒は士分と庶民の子弟で構成され、さらに寄宿生と通学生に分かれていた。生徒には支給金が下される。級は五つに分けられ、初級である五級は素読のみを行う。四級より質問を許され、教科書は孝経《こうきょう》・三字経《さんじきょう》・韓非子《かんぴし》・文選《もんぜん》・靖献遺《せいけんい》言《げん》・四書《ししょ》の類である。

校内には講堂や食堂等があり、朝食後に全校の教授・学生が講堂に集まり、「朱子白鹿洞書院★掲示《しゅしはくろくどうしょいんけいじ》」を合唱する。

以上のことから、朱子学色の強い学校であるといえる。これは幕府が朱子学を正学とし、本家の岡山藩が朱子学を取り入れた影響もあるだろう。

▼白鹿洞書院
中国にある書院で、中国四大書院の一つといわれる。朱熹や陸九淵、王陽明といった著名な儒家学者がここで講学した。

私塾

鴨方藩内においても、民間で創設された学校（私塾・寺子屋）は、公立の学校よりも早く誕生している。

特に代表的な私塾として、欽塾《きんじゅく》がある。創設者は学者西山拙斎《にしやませっさい》で、安永二年（一七七三）に鴨方村に開塾した。生徒数は一三〇人ですべて男性である。それほど大規模な私塾とはいえないが、備後国福山《ふくやま》にて郷校廉塾《れんじゅく》を運営していた菅茶《かんちゃ》山《ざん》★は、実弟の耻庵《ちあん》を拙斎のもとに送り、勉学を行わせた。江戸の昌平坂学問所★の学者柴野栗山《しばのりつざん》★は門弟の原多善《はらたぜん》を送り、欽塾で学ばせた。規模は大きくなくとも、拙斎の開いた私塾として、全国にその名を知られていたのではなかろうか。

拙斎死後は、息子の復軒《ふっけん》、孫の芥舟《かいしゅう》、曽孫の寂翁《しゃくおう》と継承され、明治中ごろまで続いた。

もう一つの私塾拡充館《かくじゅうかん》を取り上げよう。小坂東村（現在の岡山県浅口市）にあり、開いていたのは林李溪《はやしりけい》である。天保二年（一八三一）から安政三年（一八五六）まで運営されていたが、それより前、李溪の先祖である八郎左衛門が寛文年間（一六六一〜一六七三）から拡充館を開いたともいわれる。いずれにせよ李溪の時代に大いに隆盛をみた。生徒は男子も女子もおり、漢学や筆道を学ぶことがで

欽塾跡

▼菅茶山
江戸時代後期の儒学者。備後国安那郡川北村（現在の広島県福山市）出身。京都で朱子学を学び、帰郷後の安永四年（一七七五）に私塾を開き、寛政四年（一七九二）ごろに「黄葉夕陽村舎」を開設した。黄葉夕陽村舎はのちに福山藩によって郷学となり、廉塾と改称した。

▼昌平坂学問所
寛永七年（一六三〇）に上野忍岡に置かれた林羅山の家塾を起源とする。元禄四年（一六九一）に神田湯島に移転し、寛政九年（一七九七）に幕府直営の学問所となって、のち昌平坂学問所と呼ばれた。

きた。欽塾に比べると、やや規模は小さかったものの、女性にも開かれた学校だったところに特徴がある。

寺子屋

近世、子供が初歩的な学びを行う場として寺子屋（手習塾）がある。本来は寺の一部を教室にあてて学ぶことからこのように呼ばれていたが、近世には豪農などが自らの家の一部を開放して、庶民教育の場とする事例が多かった。鴨方藩領内でも多くの寺子屋が開校していた。

『鴨方町史』によると、藩領内の寺子屋の教師は、武士や浪人のほか、神職、僧侶、修験者、農民など様々な身分で構成されていた。漢文や習字、算術といった読み書きそろばんから、医学という高等な学問を学ぶことができる学校もあった。

このうち、鴨方村の鴨之下道にあった梅林舎《ばいりんしゃ》の様子をのぞいてみよう。師匠の坂本斉《さかもとせい》・復二《ふくじ》父子は神官である。神職の合間を縫って弘化・嘉永年間（一八四四～一八五四）ごろから生徒に習字を始め、読書もそのうち教えるようになった。

習字では、正書・草書二体の仮名から始める。テキストはいろは・数字・通用金銭・名数・人名・村名・郡名・国名・商売往来・諸職往来・消息往来・書状文

▼柴野栗山
江戸時代中期の儒学者。讃岐（現在の香川県）出身。江戸で林家に入門し、阿波藩儒を経て幕府の儒官になる。寛政三博士の一人。

・庭訓往来などを用いた。ただ字を学ぶだけでなく、日常生活から仕事に必要な情報まで、様々な知識を吸収できるような実用的なものだったのだろう。
一方、読書では三字経・孝経から教える。その後小学・四書・五経・諸詩集を読む。女子は女用文章・女小学・女大学が用いられた。それ以外にも各自が随意でテキストを用意することができたようである。

授業時間は、今の午前八時から午後四時までで、昼食時間を挟んで学習に励んだ。修業年間は九年・六年・五年と生徒によって分かれていた。

入学費である「束脩」は銭十銭だったが、授業料である謝儀は生徒の両親に委ねていたという。

『鴨方町誌』では生徒は男子が四〇人、女子が一〇人とあるが、取りまとめた明治元年（一八六八）当時在籍していた数か、それともこれまでの総計かはわからない。

このような寺子屋がいたるところに作られ、子供たちは必要な知識を学ぶことができたのである。

寺子屋開設年代

元　号	年　代	浅口郡	窪屋郡	小田郡
寛延以前	～1750	0	0	0
宝暦～天明	1751～88	0	1	0
寛政・享和	1789～1803	2	3	2
文化・文政	1804～1829	2	5	1
天保	1830～1843	15	14	8
弘化・嘉永	1844～1853	23	15	9
安政～慶応	1854～1860	37	16	20
明治	1868～	2	2	0
不明		1	0	0
合計		82	56	40

（鴨方藩領以外の寺子屋数も含める）

（『鴨方町史』より）

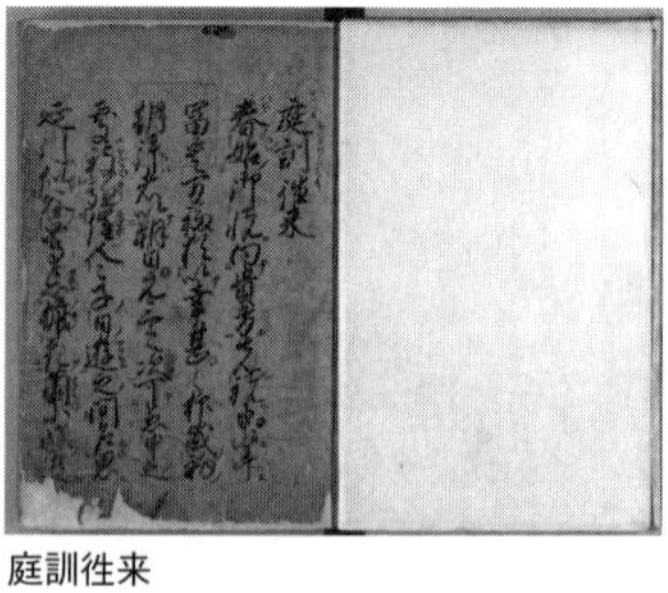
庭訓往来
（国立国会図書館蔵）

6 鴨方藩出身の学者・文化人

決して大きくない鴨方藩ではあったが、西山拙斎のような学者や浦上玉堂といった優れた文化人を筆頭に、日本全国でその名を知られた人物を多数輩出した。彼らの足跡をたどることで、当時の知識人たちの「藩」という枠を超えた活動を知ることができる。

西山拙斎

拙斎は享保二十年（一七三五）、鴨方村に医者の子として生まれた。幼名は友吉。名は正。拙斎は文人として名乗った「号」だが、のちに通称としても使用した。

幼少より父より詩経や経書を学んだ。十六歳で大坂に行き医学を古林見宜《ふるばやしけんぎ》に、経義を親戚の岡孚斎《おかふさい》に学んだ。父の病気により一度帰郷し、父の死後に上京した、そこで孚斎の外孫で孚斎の継承者となっていた那波魯堂《なわろどう》★に学んだ。

そこで魯堂とともに朱子学に傾倒し、明和元年（一七六四）に朝鮮通信使と会談して、朱子学を儒学の正当の学問である正学と確信するにいたった。三十歳の時である。

三十九歳で鴨方に帰郷し、私塾欽塾を開いた。拙山の講義はとても厳しいもの

▼**那波魯堂**
江戸時代中期の儒学者。播磨国姫路出身。はじめ古学を学んだが、のち朱子学に転じた。晩年に徳島藩に招かれ、藩儒となった。

であったが、授業が終われば、塾生と親しく接したという。

拙斎の名は諸侯にも知られ、加賀藩、徳島藩、伊予大洲藩などから仕官の誘いがあったがすべて断ったという。

幕府老中の松平定信《まつだいらさだのぶ》も幕府の儒官として取り立てることを考えたが、儒官柴野栗山は「その高風清節な人柄を塵務《じんむ》（俗世間のわずらわしい仕事）で干すわけにはいかない」と反対した。幕府儒官の仕事を「塵務」と言い切る栗山もなかなかであるが、栗山と拙斎の交流は深く、栗山の弟子が欽塾で学んだことは先に述べた。さらに、拙斎は栗山に朱子学を正学とすることの意見書を出した。のち、栗山は松平定信に建議書を出し、幕府は朱子学を正学とした。多くの諸藩が幕府にならって朱子学を正学としたことを考慮すれば、近世日本の思想史と教育史に与えた影響は非常に大きかったといえる。

朱子学に傾倒した拙斎であるが、和歌や詩、国学にも通じていた。さらに奇石を集めるという趣味をもち、特に但馬国生野《いくの》（現在の兵庫県朝来市）で手に入れた紫石英を玉芙蓉《ぎょくふよう》と名付け愛した。この石の噂は朝廷にも届き、光格天皇が直接手にしたという。

拙斎は詩文や和歌にも造詣が深いことから、備中詩壇の中心的存在であった。儒学にも和歌にも通じる拙斎には、鴨方藩領に限らず周辺にまで多くの弟子がいた。

玉芙蓉（浅口市提供）

安永八年（一七七九）の九月二十三日から十月七日まで拙斎は鴨方を離れ、備中国松山（現在の岡山県高梁市）へ赴いた。その際に拙斎は各地で弟子や旧知の人々と交流を深める機会をもつことになった。『岡山県史』をもとに、その様子をみていきたい（『岡山県史』近世Ⅲ）。

二十五日、拙斎は総社《そうじゃ》（現在の岡山県総社市）にいる旧知の亀山子従の別荘に行き、別荘に見山亭と名付けた。この時同じく総社にいる弟子たちの安原子方たちも同行した。翌二十六日、子従の義父亀山豊綱の別荘で和歌会が行われ、拙斎はそれに参加した。

翌二十七日、拙斎は松山へ向けて出発。子方・子従も途中まで随行し、同日中に子方と、二十八日には子従とも別れた。松山では弟子の藤田見了と出会い、今回の旅の一番の目当てだった山王祠《さんのうし》の楓樹《ふうじゅ》を見たが、残念ながら大楓樹が二本残るだけだったという。

二十九日には松山を出発して、再度総社へ。月が代わり十月一日には同地にて子方の親戚である赤木翁から菊花と和歌を贈られた。また、拙斎自身が名付けた子従の別荘見山亭を再度訪れた。三日には総社を離れ、舟尾村《ふなおむら》で旧知の村田勝蔵から那波魯堂の書幅や扇面を拝見する。勝蔵いわく、本人が京都で直接魯堂から得たという。その後上成村に向かい、弟子の中原子幹宅で一泊することになるが、子幹いわく玉島の諸生★が拙斎に論語で疑問に思う点を尋ねたいという。そこで、

▼諸生
学問を行う、多くの学生や門弟のこと。

四日に子幹らが諸生に連絡を取ると、続々と拙斎のもとに訪れた。そこで、拙斎は彼らに講義を行った。

五日は諸生とともに玉島に行き、道中に聯句をしたり、弟子宅で講義を行ったりした。

翌日も講義をして、七日に鴨方へと戻った。

こうして、拙斎が訪れれば多くの人々が温かく出迎えて、和歌会を催したり、論語の講義を求めたりした。彼らは有力な豪農商層であり、地域の文化活動を支える存在であった。中原子幹らは上成村の景勝地に雲堂学舎を建て、拙斎の出張教授所にしていたという。

拙斎は、寛政十年（一七九八）、悪性の腫物が原因で居宅の至楽居《しらっきょ》で病没。享年六十四歳。死後、鴨方にある西山家の墓所に拙斎を称える石碑が建てられた。建碑の斡旋は菅茶山であり、撰文は柴野栗山、篆額を広島藩儒頼春水《らいしゅんすい》（山陽の父）、碑文を頼杏坪《らいきょうへい》（春水の弟）という錚々たる学者が携わった。拙斎の交友関係の広さと、彼が学者として高名だったことを裏付ける。

西山復軒

拙斎の息子も、父の学才を受け継いだ。兄の桂叢は医師となり、鴨方藩の侍医

西山拙斎墓

となった。

　父の欽塾を継承したのは弟の復軒である。兄同様医学を学びつつ、学問に励んだ。広島藩に仕えたのち、その後備中松山藩の藩校有終館《ゆうしゅうかん》で教学を講じるなど、藩外で積極的に活躍した。

　その後、鴨方に帰郷して欽塾を継承し、子弟を指導した。子弟のなかには、のちに私塾拡充館を運営し、鴨方藩の郷校観生社の教授にも就任した林李溪がいる。

天保十一年（一八四〇）に病没した。享年八十一歳。

浦上玉堂

　鴨方藩のなかでも特に有名な文化人といえば、浦上玉堂である。もっとも、彼が活発に活動するのは脱藩後のことである。幼名は市三郎・磯之進、名は（孝）弼《たすく》。兵右衛門を名乗り、穆斎《ぼくさい》、玉堂琴士《ぎょくどうきんし》と号する。

　玉堂はもともと中世に播磨・備前を支配した浦上家の末裔といわれる。戦国武将としての浦上家は、天正五年（一五七七）に配下の宇喜多直家によって追放されたために滅びることとなったが、玉堂の祖父宗明《むねあき》の代に、宗明の姉が鴨方藩初代の池田政言の側室となり、二代藩主政倚の母となることから、鴨方藩士となる。

宗明の子で玉堂の父にあたる宗純《むねずみ》は、岡山城下に居住し、玉堂も岡山で生まれ

春山欲雨図　浦上玉堂
（東京国立博物館蔵　出典 ColBase）

た。姉一人を除き、上の子は早世したことから、彼が嫡男となった。七歳の時に父が他界し、家督を相続する。十六歳の時、新藩主となった池田政香に初お目見えした。政香は玉堂の一つ年長と同世代であった。玉堂は政香に重用されることになる。

政香が岡山藩主池田光政を尊敬し、善政を目指したことは先に触れたが、玉堂も側近として、彼を支えた。それだけに政香が二十五歳で若死にしたことは衝撃が大きかったことは想像に難くない。玉堂は政香の生前の言行録『止仁録』をまとめ、政香を偲んだ。

政香死後も玉堂はしばらくの間、勤務に励んだ。また、二十八歳で岡山藩士市村孫四郎の娘と結婚し、長女之《ゆき》、長男春琴《しゅんきん》、次男秋琴《しゅうきん》に恵まれた。また、三十七歳の時には九十石が加増されるとともに、大目付に就任した。順調に出世したといってよい。

一方で儒学を学び、詩書や七絃琴などの芸術にも通じた。秋琴が生まれた安永八年（一七七九）には、江戸で明の顧元昭が造った七絃琴を購入し、その琴に刻まれた「玉堂清韻《ぎょくどうせいいん》」にちなみ、「玉堂琴士《ぎょくどうきんし》」と名乗った。また、大坂の文人木村《きむら》蒹葭堂《けんかどう》★の知遇を得て、文化人との交流を深めていった。

三十代後半くらいから絵を学ぶようになり、四十代には本格的に描くようになった。しかし、勤務よりも文化的活動を優先したのだろうか、天明七年（一七八

木村蒹葭堂
（国立国会図書館蔵）

▼木村蒹葭堂
江戸時代中期から後期にかけての文化人。大坂で酒造業を営みながら、学問に広く通じるとともに、骨董などを収集した。『蒹葭堂日記』が残る。

七）に大目付役を藩から解任された。このころから、司馬江漢《しばこうかん》や春木南湖《はるきなんこ》といった画家、また岡山城下でも商家でかつ文化人であった若林子陽《わかばやししよう》や藤田蘭皐《ふじたらんこう》といった人々との交流がますます多くなってくる。

時には岡山を離れ、大坂や讃岐に出かけ、文化人と交流した。玉堂は、讃岐の梶原藍渠《かじわららんきょ》に宛てた書状には「岡山には一向に学問が流行しません」と、学問が盛んでないことに不満をこぼしていた。池田光政が岡山藩学校や閑谷学校を創設し、それらが幕末まで存続したことを考えれば疑問もあるが、少なくとも玉堂にとって岡山の地は物足りなくなったのだろう。

寛政五年（一七九三）、玉堂は勤めを辞して隠居する。そして翌年には息子の春琴・秋琴を連れて鴨方藩を脱藩する。但馬の城崎温泉（現在の兵庫県豊岡市）に立ち寄ったあと、そのまま出奔したのであった。玉堂五十歳の時であり、安定した家禄よりも文化人としての活動を選んだ大きな決断であった。自らの血を引き、文化人としての才能を示しつつあった息子二人に対して、その力を伸ばし発揮できる環境を整えること、また玉堂自身、自活できるという成算があったとの指摘がある。（「守安　収「浦上玉堂、春琴・秋琴父子の生涯と芸術」『文人として生きる―浦上玉堂と春琴・秋琴　父子の芸術』」）これにより、鴨方藩士としても浦上家は一旦断絶することになった。

岡山を離れた玉堂は、江戸、次いで会津まで向かった。その後は京都を本拠として、長崎・熊本・山口・広島・大坂・会津・飛驒・金沢、讃岐といった、九州、四国から東北の地まで旅を重ねた。晩年は息子の春琴やその家族とともに京都で過ごした。文政三年（一八二〇）、京都柳馬場の自宅で死去。本能寺に葬られた。

玉堂は山水画を描き、人物画は描いていない。また、多くを墨一色で描くのも特徴であった。国宝「東雲篩雪図」や重要文化財「山中結蘆図」、「一晴一雨図」、「煙霞帖」ほか多数の代表作を残した。

「山中結蘆図」浦上玉堂
（東京国立博物館蔵　出典　ColBase）

浦上春琴・秋琴

浦上玉堂の息子二人も優れた文化人として、その名を残した。

兄の春琴は安永八年（一七七九）、弟の秋琴は天明五年（一七八五）にそれぞれ岡山城下で生まれた。通称は、兄が紀一郎、弟は紀二郎。名は選と遜である。

脱藩前、二人は合作で山水図を描いている。この時春琴が十四歳で、秋琴にいたってはわずか八歳であるが、とてもそのような年齢の作品とは思えない力作であった。

寛政六年（一七九四）、玉堂父子は鴨方藩を脱藩した。弟の秋琴はまだ数え十歳という幼さである。脱藩後、三人は江戸に向かった。翌年、父玉堂は会津藩の招請に応じて、会津に行き、松平家歴代を祀る土津《はにつ》神社の神楽再興に尽力した。首尾よくいったことで、その功績として同行していた秋琴が藩士に取り立てられた。それにしても、脱藩してそれほど時がたっていないのに、秋琴を藩士にしたのは何故か。玉堂が会津の気風がよほど気に入ったのか。それとも、秋琴には武士の方が向いていると考えたのか。そのあたりはわからない。

兄の春琴は、父に同行せず江戸に残り、その後京都に行ったようである。そこで、京都に行った父と同様、画に励んだようだ。さらに、玉堂・春琴・秋琴三人で広島にて学者頼山陽と出会い、春琴と山陽は終生の友となる。

春琴は父同様旅をたびたび行い、特に西日本や九州を訪れた。一人旅もあれば頼山陽や京都の医師小石元瑞《こいしげんずい》、細川林谷《ほそかわりんこく》といった友人とも出かけた。

それでも春琴の拠点は京都で、文化八年（一八一一）から父と同居を始め、上《かみ》賀茂《がも》の祀官《しかん》藤木《ふじき》大隅守《おおすみのかみ》の娘、瀧《たき》と結婚した。

父と違い、山水画以外に花鳥図や人物画を描いた。画人としての人気は父を凌ぐほどであったという。また、出身の岡山の人々とも友好的な関係を保ち、文政十二年（一八二九）には鴨方藩から、浦上家再興を伝えられている。春琴は病を理由に固辞したが、代わりに一人娘恒《つね》に弟秋琴の次男宗尚《むねひさ》を婿として迎えて、家名を再興させ、弘化三年（一八四六）、亡くなった。

弟の秋琴も、会津藩の扶持を受けたとはいえ、父兄同様に文化人としての道を歩んだ。もっとも父や兄と異なり、雅楽《ががく》など音楽の活動が中心になっていく。時

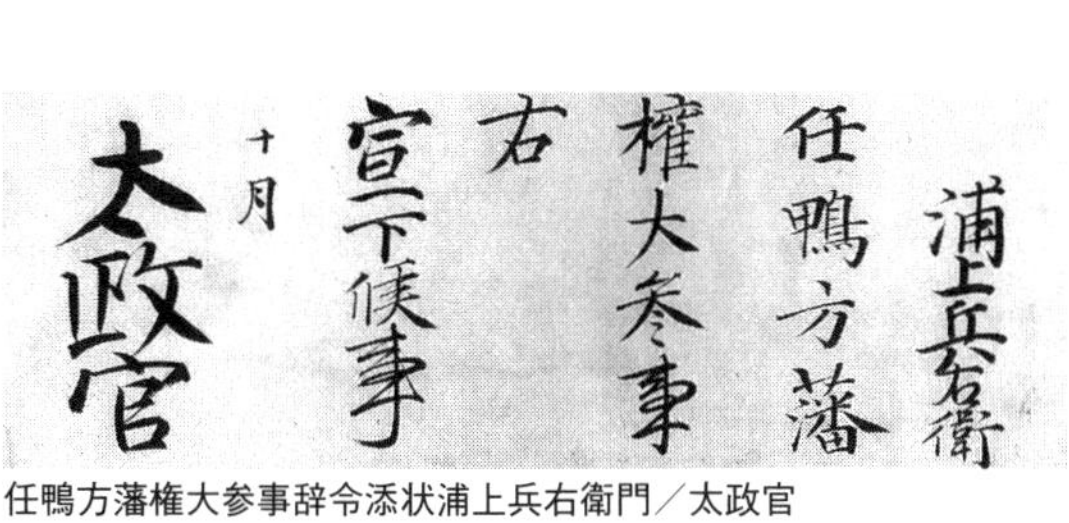
浦上兵右衛
任鴨方藩
権大参事
右
宣下候事
十月
太政官
任鴨方藩権大参事辞令添状浦上兵右衛門／太政官
（岡山県立美術館蔵）

に会津を離れ、江戸や京都で雅楽の修業を積んだ。

文化八年（一八一一）に会津藩の雅楽方頭取に就任したが、芸術以外の役職にも就き、藩士としての務めを果たしていった。文政十二年（一八二九）には、次男宗尚とともに岡山へ向かい、先述の通り宗尚は春琴の娘恒（宗尚の従姉妹）と結婚し、鴨方藩士となる。

安政元年（一八五四）、七十歳で隠居し、再び絵画に力を入れるようになる。会津藩が戊辰戦争で敗れると、新政府側として会津まで出兵していた岡山藩士とともに岡山へ行き、宗尚一家と暮らした。明治四年（一八七一）、八十七歳で亡くなった。

田中索我

もう一人画家を紹介しよう。田中索我《たなかさくが》は、寛保二年（一七四二）鴨方村に生まれた。名は守貫。索我は号である。京都に上り、禁裏で絵を描いていた鶴沢探索《つるざわたんさく》に弟子入りして画法を学んだ。

明和七年（一七七〇）に仙洞御所《せんとうごしょ》★の屏風《びょうぶ》二双、杉戸二枚を描き、寛政元年（一七八九）に僧に与えられる位階で、絵師や医師等にも与えられる法橋《ほっきょう》位《い》になる。のちに郷土に戻り、西山拙斎たちと交流しながら、文化活動を続けた。作品は

▼仙洞御所
上皇の居所。上皇を指すこともある。

備中地方を中心に残されているが、代表作の一つに「華月橋上の拙斎」（浅口市指定文化財）がある。この作品、西山拙斎の居宅である「至楽居」の庭内にある円形の蓮池に架かる華月橋上での拙斎の様子を描いたものである。拙斎と索我の交流の深さを物語るとともに、拙斎の様子を描く貴重な資料となっている。

文化十一年（一八一四）に七十三歳で死去した。

「華月橋上の拙斎」
（浅口市提供）

これも鴨方

浦上玉堂と足利学校

文化人として活躍していた玉堂だったが、そのためか不可思議な事件に巻き込まれることもあった。

天明七年（一七八七）正月十八日、まだ鴨方藩士であった玉堂は、江戸の芝の金地院を訪ねた。足利学校第十七世庠主千溪元泉に会うためである。千溪元泉は足利から出府中に金地院を宿所にしていた。

ここで千溪元泉に少し触れておくと、千溪元泉は歴代庠主のなかで数少ない足利出身者である。庠主に就任する前年の宝暦四年（一七五四）、足利学校は落雷による被害を受け、孔子廟と三つの門、文庫を残して、書院や方丈といった主だった建造物が灰燼に帰した。そのため、千溪元泉は足利学校そのものの再興に取りかからなければならなかった。宝暦五年に幕府より五〇〇両の修復料を受けるとともに、翌年には江戸で材木を調達し、宝暦六年に修復が竣工した。

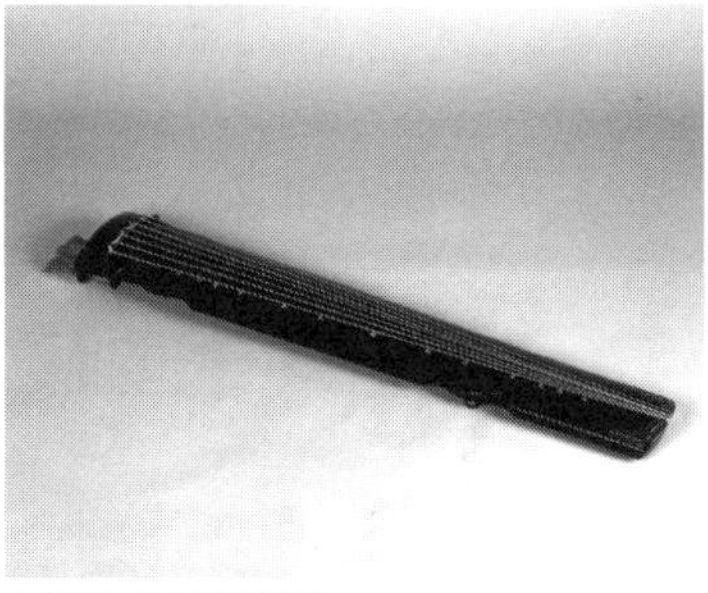

七絃琴（足利学校蔵）

その後も、孔子廟や文庫の修復を進めるなど、千溪元泉は足利学校の再興に大きな功績を残した。

さて、玉堂の用向きは二つあった。一つ目は足利学校に七絃琴を奉納したいことである。これは実現したようで、足利学校には同年の玉堂自筆の寄進状ほか、玉堂が寄進したとされる七絃琴や、同年に千溪元泉の求めに応じて玉堂が寄進した調子笛である「十二律管」が現存する。

十二律管（足利学校蔵）

問題は二つ目の用件である。玉堂は、自身の知り合いに赤松豊太という儒学者がいるが、豊太は足利学校を江戸に移したいと考えている旨を伝えた。千溪元泉は自身の耳を疑っただろう。

足利学校の成立年代は諸説あるが、そのうちの一つに平安時代初期の学者で小野篁《たかむら》が創建したという説があり、江戸時代には定説になっていた。室町時代に関東管領上杉憲実が再興し、戦国時代には宣教師フランシスコ・ザビエルが当時の日本でもっとも有名でかつ大きな大学とヨーロッパに紹介するなど、歴史と伝統を誇る学校である。近世には戦国以前より教育の場としての役割は低下したとされるが、それでも中世から受け継いだ重要な典籍を求め、多くの人々が足利学校を訪れた。また、幕府から領地を与えられ、官営学校といえる存在であった。移転となれば庠主といえども簡単に判断できる事案ではなく、ましてや一儒学者が口出しできるわけがない。また、足利出身者である千溪元泉が移転を望むとも考えにくい。千溪元泉が豊太からの申し出を断ったのは当然といえるだろう。

　しかし、玉堂も簡単には折れない。同月二十二日、今度は千溪元泉が鴨方藩の江戸藩邸にいる玉堂を訪ねた。玉堂は豊太に千溪元泉の回答を伝えたところ、豊太が千溪元泉に会いたいと述べている旨を伝えた。同二十七日、千溪元泉は玉堂とともに豊太宅を訪れた。玉堂の要望を断り切れなかったのだろうか。

　天明八年、千溪元泉は引退して庠主の席を青郊元牧に譲った。同年三月十六日、豊太は足利学校を訪ね、千溪元泉（引退して字松庵と改称）と青郊元牧に面会した。この時、彼は聖堂を拝礼し、学校に金三百疋の進物をしたほか、庠主から下男下女に至るまで学校関係者に多大な金品や贈答品を用意した。自分がただの儒学者ではないことを喧伝したかったのだろう。この後も青郊元牧は江戸の豊太宅を何度か訪ねたようで、両者の交流は続いていたようだ。

足利学校学校門

　その後豊太の計画はどうなったのだろうか。結論からいうと、豊太の計画は実現しなかった。そもそも、本当に足利学校移転などという壮大（もしくは無謀な）な事案を実現しようとしていたかも疑わしい。のちに豊太は南部藩の銅山に関わろうとして大奥女中の文書を偽造するなど様々な悪事が明らかになり、市中引き廻しの上、打ち首になったという。豊太の真意は不明であるが、足利学校の名を利用して何かの利益を得ようとした詐欺事件だったのだろうか。

　それにしても、玉堂もなぜこのような話に加担したのか。自身も足利から江戸に学校を移すべきと考えたのか、それとも単に豊太から仲介を求められただけか。詳細は不明であるが、足利学校の関係者に接近するために豊太が玉堂を利用したとすれば、玉堂はそれより以前から足利学校と交流があり、かつ玉堂の名が文化人として知られていた傍証になるかもしれない。

これも鴨方

もう一つの分家「生坂藩」のその後

もう一つの分家、生坂池田家の方はどうなったのであろうか。生坂藩の領地は鴨方藩同様、当初は集中していなかった。興味深いことに、鴨方村も当初は輝録の領地であった。

宝永五年（一七〇八）、改めて備中の下道郡・窪屋郡に領地の集中化が行われた。さらに、宝永七年から八年にかけ、鴨方藩同様将軍からの朱印状交付を目指したが、鴨方藩と違い成功しなかった。成功しなかった理由は不明であるが、「新田」を所領にして、岡山藩の石高を維持したまま独立させることが難しかったのだろう。江戸時代中ごろには全国でも朱印状を交付される分家大名は減少し、本家の領内にて領地を分けられるいわゆる「内分分家」が多くなる。

こうして鴨方藩と違い、生坂池田家はあくまでも岡山藩領内に領地をもつ内分分家として明治まで存続した。そのため、鴨方藩よりもさらに独自性が弱いものであった。

それでも、生坂池田家の当主が幕府から「大名」と認められたことは間違いない。院使の接待や駿府城の警衛（駿府加番）、そして江戸での番所詰めといった幕府の諸役を果たし、初代輝録は幕府で奏者番を務めたほどである。また、分家として岡山藩を補佐した。独自の家臣団を有するとともに岡山藩から出向で附人が出された。こういったところは鴨方藩とよく似ている。

一方で、常に財政は厳しく、岡山藩の援助なしには成り立たなかった。そもそも領内の仕置きは岡山藩が取りまとめており、しかも、知行物成を本家から支給される制度であったことから、藩政改革などもできるはずがなく、年貢を多く徴収することもできなかった。

生坂藩が厳密に「藩」となるのは明治に入ってからである。しかし、すぐに廃藩となり、近代を迎える。

生坂藩主一覧

	名前	生没年／藩主在任期間
初代	輝録	慶安 2（1649）～正徳 3（1714）/ 寛文 12（1672）～正徳 3（1714）
二代	政晴	宝永元（1704）～寛延元（1748）/ 正徳 4（1715）～寛延元（1748）
三代	政員	元文 2（1737）～明和 4（1767）/ 寛延元（1748）～明和 4（1767）
四代	政弼	寛保 2（1742）～安永 5（1776）/ 明和 4（1767）～安永 5（1776）
五代	政恭	※安永元（1772）～文政 10（1827）/ 安永 6（1777）～文政 5（1822）
六代	政範	寛政 8（1796）～天保 15（1844）/ 文政 5（1822）～天保 10（1839）
七代	政和	文政 4（1821）～安政 5（1853）/ 天保 10（1839）～安政 2（1850）
八代	政礼	嘉永 2（1850）～明治 40（1907）/ 安政 2（1850）～明治 4（1871）

※政恭は岡山藩主池田治政庶子の生没年を記載（政弼の子が早世し政恭がすりかわった）

第五章 幕末維新の鴨方藩

幕末になると鴨方藩主の存在感は一気に増した。

鴨神社随身門（浅口市教育委員会提供）

①封建社会の動揺と池田政詮の登場

幕末に入り、鴨方藩も激動の時代に巻き込まれる。
そのようななか、鴨方藩主池田政詮は岡山藩主池田茂政を積極的に補佐していくことになる。
鴨方藩自身も農兵制度など藩政改革を進めていた。

激動の時代へ

江戸時代後期になると、諸外国からの船が日本近海に多く姿を現すようになり、外国との交易を制約している幕府としてはその対応に苦慮することになる。

寛政三年（一七九一）、老中松平定信政権下の幕府は、領海をもつ諸藩に対して、外国船が漂着した際には人員を出して船を調査したうえで長崎へ送還するよう改めて指示を出した。その際外国船が抵抗するようであれば、船を打ち壊し、船員は斬り捨てるよう命じたが、藩側の指示に従うのであれば穏便に済ますようにとも指示している。その上で、実際に対応する際の諸藩側の人員などの書付を幕府へ提出するよう命じた（『藩法集』）。

瀬戸内海に面する岡山藩そして鴨方藩では、もともと朝鮮通信使★が通過してい

▼朝鮮通信使
朝鮮国王が日本に修好や慶賀の目的に派遣した使節。一行の人員は四〇〇～五〇〇人にも達し、道中で日本の学者や文化人と盛んに交流が行われた。岡山藩領では牛窓（現在の岡山県瀬戸内市）に寄港し、岡山藩も人を派遣して饗応した。平成二九年（二〇一七）、関係資料がユネスコの世界記憶遺産に認定された。

たが、その他の国籍の船が通過もしくは漂着することはありえた。

そこで、岡山藩は寛政四年（一七九二）に有事に出す人員や船数を幕府に提出した。一方、鴨方藩は海上での事案については本家である岡山藩に任せているという書付を岡山藩とともに幕府に提出した。このころは、鴨方藩は諸外国への対応はもとより藩政についても岡山藩に依存していた。しかし、幕末になると、鴨方藩は藩主池田政詮のもと岡山藩内での発言権を増していくことになる。

池田政詮は、人吉藩主相良頼之の次男で、満次郎と名乗っていた。弘化四年（一八四七）、鴨方藩第八代藩主池田政善の養子として迎えられ、改名して政詮と名乗る。先述の通り、頼之の祖父長寛は岡山藩主池田宗政の次男である。すなわち満次郎は宗政さらには岡山藩初代藩主である池田光政の直系だった。当時の岡山藩主池田慶政《よしまさ》は、池田家とは血縁的に関係のない奥平家から養子に迎えられており、池田家直系の血統をもつ人物を養子に迎えることは、鴨方藩のみならず、池田家全体の宿願であった。

相次ぐ天災

藩主就任から三年後の嘉永三年（一八五〇）六月一日、高梁川の上流で決壊が起こり、同三日には下流でも決壊した。不幸中の幸いか、冠水範囲が広く水流が弱まったためか人命はほとんど失われなかったが、周辺の村々の田畑に濁流が流れ込んだため、農作物に大きな損失が出ることは避けられなかった。鴨方藩領も例外ではなく、四十瀬新田村や白楽市新田村、吉岡村などは田畑の大半が被害を受ける事態となった。例えば、白楽市新田村では通常の年貢は三百十九石のところ、嘉永三年はわずか十二石と四パーセントにとどまることになった。政詮の藩政は、当初から波乱含みであった。

復興作業は藩と領民の協同で行うことになった。まず川の堤防の修復について、岡山藩領の四十瀬村の決壊箇所では地元の人々のほか、周辺の岡山藩領の村々の人々が修復作業に関わるだけでなく、鴨方藩領からものべ四〇〇〇人が駆けつけて協力した。彼らには岡山藩から夫役米が支給され、災害で収入源を失った人々に対する失業対策もあったと考えられている（『新修倉敷市史』近世下）。

これ以外にも、藩から被災者への支援が行われた。鴨方藩は、自領内にある笹沖蔵・鴨方蔵から備蓄していた囲米《かこいまい》★を領民に開放した。また、周辺の村々や篤志家からかゆの炊き出しや、米や麦などの支援が行われた。こうした支援や何より被災した村の人々の努力もあり、先述の白楽市新田村でも水害の翌年の嘉永四年（一八五一）には年貢量が二百九十七石にまで回復することができた。

また、安政年間は全国的に大きな地震が複数起こった。特に規模の大きかったものとして、安政二年（一八五五）の安政江戸地震がよく知られているが、安政

▼囲米
非常時に備え、領主や村などで蓄えた米
老中松平定信の政策により、備荒貯蓄と
して全国的に行われた。

元年（一八五四）十一月四日、駿河湾から紀伊半島沖を震源とする大地震（安政東海地震）が起こり、その後すぐに今度は紀伊半島沖から四国を震源とする大地震（安政南海地震）が起こった。両者はともにマグニチュード八クラスだったと考えられており、鴨方藩領がある備中国でも被害は甚大で、特に干拓地では家屋の損害のほか、地割れや液状化現象が起こったといわれる。余震は翌年三月まで断続的に起こった。

岡山藩と鴨方藩の連携

嘉永六年（一八五三）、アメリカのペリー率いる黒船が浦賀（現在の神奈川県横須賀市）に来航し、日本に対して開国を求めた。「開国」か、それとも「鎖国」を維持するか迫られた幕府は、諸大名に幅広く意見を求めた。多くは鎖国を主張した。岡山藩主池田慶政もその一人で、これが岡山藩の幕末を通しての藩是となる。同年、幕府は岡山藩へ柳川《やながわ》藩とともに房総沿岸の警備を命じた。そのため、岡山藩は翌年から家老を筆頭に一一〇〇人を派兵した。この時西洋流の大砲を取り入れるとともに、家臣に西洋砲術を学ばせた。また、領民から臨時に兵を徴発することで何とか体制を整えた。

鴨方藩も本家に協力し、兵を出すこととなった。鴨方藩は本家である岡山藩を補佐しながら、幕末の激動に巻き込まれていくことになる。

しかし、もとより財政的に厳しいところに兵を出すことを命じられたことで、諸大名はいっそう厳しい立場に追い込まれることになった。岡山藩も例外ではない。安政元年（一八五四）、慶政は幕府に対し、警衛場所を房総沿岸から領国である岡山に近い場所への配置替えを願い出た。その結果、鳥取藩や土浦藩とともに、大坂湾の警衛に振り替えられた。しかし、それでも出費は大きかった。

安政の大獄や桜田門外の変を経て、幕府の権威は大幅に揺らいでいた。その分京都の天皇や朝廷の発言力が増大していき、幕府に命令を下すだけでなく、時には幕府を経ずに諸大名に意見を下すようになる。文久二年（一八六二）、朝廷の左大臣で岡山藩池田家と縁戚関係にあった一条忠香《いちじょうただか》から岡山藩に対して、国事周旋に努めるよう内勅が伝えられた。

慶政のスタンスは尊王敬幕であったとされ、朝廷と幕府が協力する体制を願った。しかし、開国か攘夷かで国論が二分すると、藩内でも意見が分かれるようになり、心労のためか病気がちとなった。そこで、鴨方藩主池田政詮が慶政の名代として京都に上って、孝明天皇にも拝謁する。こうして、政詮は岡山藩の一員として活躍することが多くなり、鴨方藩は岡山藩と一層行動をともにする機会が増えていくのである。

文久三年（一八六三）二月、慶政は引退を決意し、水戸藩主徳川斉昭《なりあき》の九男である九郎麿を養子に迎えた。九郎麿は岡山藩主となり池田茂政《もちまさ》と名乗る。この時すでに斉昭は亡くなっていたが、尊王攘夷派に強い支持を受けた人物であった。

岡山藩内で尊王攘夷論を支持する者が増え、尊王攘夷思想を一層強固にしようとする意図がうかがえる。茂政自身は藩主就任後、実兄で鳥取藩主の池田慶徳《よしのり》に対しての書状で、「兄弟で連携して、京と領地を守ることができる」と意気込みを語っている。一方で、同じ斉昭の子の一橋慶喜《よしのぶ》は、将軍後見職として幕政を指導して開国を進めていた。この慶喜の存在が茂政の立場を微妙なものにすることになる。

同年三月、将軍徳川家茂《いえもち》が上洛した。茂政も上洛し、政詮はそのまま滞京した。京都で家茂は孝明《こうめい》天皇に攘夷を実行することを約束せざるをえなかった。茂政も攘夷を求めた一人である。もっとも、最近ではここでの攘夷とは軍事的なものではなく、幕府が諸外国と調印した通商条約の破棄を約束し、ペリーと結んだ和親条約にまで戻すものだったともいわれている。孝明天皇も武力による諸外国の排除は避けたいと考えていた。

ところが、長州藩は武力行使に出て、下関海峡を通過するアメリカやフランス、そしてオランダの船に砲撃を加えた。このため、長州藩は逆に外国から反撃を受けることになり、翌年には逆に砲撃した四カ国が編成した連合艦隊によって長州藩の砲台が破壊され、占拠された。

徳川慶喜
（福井市立郷土歴史博物館蔵）

徳川斉昭肖像画
（京都大学附属図書館蔵）

京都でも政変が起き、文久三年（一八六三）、会津藩や薩摩藩が協力して、長州勢や朝廷のなかでも強硬派だった公卿七人を追放した。八月十八日の政変である。この時、茂政は長州の動きを暴挙とみつつも、尊王攘夷の立場から、幕府に対し寛容な処置を願っている。

九月七日、岡山藩に対し、朝廷より讃岐塩飽諸島《しわくしょとう》（現在の香川県）と備中国海岸の警衛を行うよう勅命が下った。あわせて、十月一日に鴨方藩へも領内の備中海岸砲台の造営防禦の勅命が下った。そこで、鴨方藩は青佐山《おおさやま》台場（現在の岡山県浅口市）と長浜台場（現在の岡山県笠岡市）の造築を行い、十一月には完成した。茂政と政詮は両台場を検分した。鴨方藩の事業に本家岡山藩も関わっていたことを示すものだろう。

現在の青佐山

鴨方藩の農兵制度

文久三年（一八六三）十一月、鴨方藩が先述の砲台整備を行っていたころ、鴨方藩士で郡奉行を担っていた矢吹龍平は、藩首脳に農兵隊創設の建言を提出した。それによれば、

①藩士は人が少なく、兵を鴨方に常時留めるのは出費も多い。
②領内の村役人に気概のある者がいる。

③農民のなかで強壮剛毅の者を選び、時々兵士として訓練を行い、何事もない時には帰耕すればよい。

とする。従来鴨方藩士の多くは岡山城下におり、海防も本家任せであった。鴨方藩も独自に海防を担当することになったことを踏まえ、矢吹は藩士だけでは到底兵士が足りないことから、領民の武装、つまり農兵制度の確立を建言したのである。

別府信吾氏によると、翌年元治元年（一八六四）、鴨方藩は諸隊を組織し、藩領の神職で構成される有孚隊《ゆうふたい》や、農兵隊が結成された。これは本家の岡山藩よりも二年早い。鴨方藩の危機感の表れともいえるし、もともと藩士が少ない鴨方藩ならではの政策ともいえるだろう。

農兵隊は、「膺懲組《ようちょうぐみ》」「義倉周旋方《ぎそうしゅうせんかた》」「気節隊《きせつたい》」といった組が確認できる。いずれも名主やその見習い、五人組頭や判頭の家族といった有力者である。また、農兵隊ではないが、砲隊があり、のちに「軽鋭隊《けいえいたい》」という名の小銃隊として組織された。彼らは足軽身分であるが、村に居住する人々であった。このように、村の人々を兵隊として組織することで、武備を強化していった。（別府信吾「鴨方藩の農兵隊と幕末の動向」『倉敷の歴史』第十一号）

鴨方藩の砲車
（大浦神社蔵）

高まる政詮の存在感

京都での八月十八日の政変で一時主導権を失った長州藩であったが、再起を図る機会を虎視眈々と狙っていた。会津藩を討って京都での主導権を取り戻そうとする意見が多くを占めることとなり、元治元年（一八六四）六月、ついに長州藩は兵を挙げた。長州藩としては、岡山藩や鳥取藩といった自分たちに同情的な雄藩や朝廷の理解を得られると考えたのかもしれない。

しかし、朝廷は長州藩兵の入京を許さず、七月、都は戦場となった。禁門《きんもん》の変である。京都の市街地の多くを焼いたこの合戦で、長州藩は天皇や朝廷に向けて攻撃したことになった。戦いは一橋慶喜の差配や、会津藩と薩摩藩の奮戦で幕府側の勝利となる。幕府はその勢いに乗じて、諸藩に対して今や朝敵となった長州への出兵を命じる。第一次長州出兵である。岡山藩にも同様の命が下った。

もともと茂政は尊王攘夷派であり、長州側とも誼を結んでいた。そのため、出兵には否定的であった。その一方で、茂政が一橋慶喜の実弟でもあることから、朝敵となった長州側と今後関係を続けることを断ろうとした。

元治元年七月、新選組の松山幾之介《まつやまいくのすけ》が密偵として岡山藩内に潜入した。松山の目的は、岡山藩が長州藩と同盟して幕府に対抗するとの疑惑を調査することであった。そこで、岡山藩を挑発し、その証拠をつかもうとしたのである。松山はその動きに気付いた岡山藩士に謀殺された。茂政の長州藩に対する接し方が幕府に疑念を抱かせたのである。第一次長州出兵では、池田政詮は池田茂政より一カ月先発し、鴨方村の高戸家を本陣とした。総督の徳川慶勝が詰める山陽道矢掛《やかけ》宿★には、政詮の名代として家老の山羽才兵衛《やまはさいべえ》と周旋方の竹鼻孝橋を派遣した。岡山藩が一宮へ引き揚げて本陣とするのを見届けたかのように、鴨方藩も鴨方村から岡山城下へ戻った。

第一次長州出兵は長州藩側が降伏する形となったが、翌慶応元年（一八六五）には早くも幕府と長州で緊迫した空気が流れるようになった。

ところで、元治元年十月の段階で、家臣の牧野権六郎は茂政に対して、病気を名目に隠居することを求めた。茂政の岡山藩における立場がいよいよ低下してきたのである。

慶応二年（一八六六）三月、池田政詮は茂政に対し、次のような意見を出した。

防長（長州藩）は元々攘夷のために自らを擲ちました。いまさらどのような寛大な処分を出しても、攘夷を行うという意思が幕府になければ承伏しないでしょう。（中略）

幕府は朝廷の命令を守らず、逆に長州は速やかに命を受けて天皇の心を穏

▼矢掛宿
西国街道の宿場町の一つ。和菓子のゆべしが有名。現在も、旧矢掛本陣（重要文化財）ほか歴史的建造物が多く残り、当時の景観をよく残している。

やかにすること以外には関心がありませんでした。

仮に長州に過ちがあったとしても、幕府は諸外国の船を沿海に招き、天下を苦しめ、しかも毒霧（外患）を助け、彼らを父母兄弟のように扱っています。天皇が我等の両親であることを忘れ、逆に脅し、我等列藩諸侯が兄弟であることを忘れ、内乱を起こして、天皇を悩ましていることに比べれば、どちらが正しくてどちらが誤りであるでしょうか。御深慮いただきたい。

明確に長州側を擁護するとともに、幕府を批判している。

幕府は同年再び長州出兵を諸藩に命じた。茂政は長州出兵に否定的で、広島藩主や徳島藩主、鳥取藩主池田慶徳とも連名で幕府に対し長州藩に対し寛大な処置を願い出た。家臣のなかにも出兵に反対する意見が多数を占めていた。しかし、兄の一橋慶喜に出兵を強く求められたという。茂政はいよいよ追い詰められていく。

第二次長州出兵の結果はよく知られている通り、幕府側の敗北で終わった。原因は幕府側の兵や出兵を命じられた諸藩にも長州への同情で、厭戦気分があったこと。すでに薩摩藩との薩長同盟が成立しており、雄藩の足並みがそろわなかったこと。長州側が積極的に西洋の軍事技術と兵術を取り入れており、幕府側の諸藩の戦力を上回っていたことにあった。

長州藩たち雄藩は、攘夷論から転換して、西洋との厚誼を積極的に結ぼうと図っていた。そう考えると、政詮の主張は成り立たないが、岡山藩内で幅広く支持された。

茂政が岡山藩主に迎え入れられたのは、同じく池田一門の鳥取藩が実兄の慶徳(徳川斉昭五男)を藩主に迎えていたこともあるだろうが、父親の徳川斉昭が尊王攘夷派の旗頭とみなされていたことが大きい。

しかし、攘夷論が転換し、しかも批判の的となった幕府の首脳陣には茂政の実兄一橋慶喜がいた。岡山藩内での茂政の立場は弱くなり、逆に岡山藩内で支持された政詮の発言力は大きくなっていくのである。

これまでみてきた通り、分家の藩主は本家の藩主に仕え、本家を支える役割を果たしてきた。しかし、幕末になって岡山藩内では鴨方藩主である政詮の存在感が本家の岡山藩主である茂政を上回るようになっていった。また、将軍徳川家茂死後、鴨方藩の周旋方であった矢吹亨は、老中板倉勝静《いたくらかつきよ》に意見書を提出するため、江戸ついで京都に向かい、「策書」を呈した。尊王攘夷に基づく意見書であったと思われる。鴨方藩は岡山藩と連携しつつも、独自の動きをみせるようになっていった。明治維新まであとわずかである。

板倉勝静
(幕末名家寫眞集1　国立国会図書館)

② 求められる欧米の知識や技術

幕末の鴨方藩主池田政詮は尊王攘夷論をもって岡山藩内での支持を高めていったが、領内では欧米の知識や技術を得ようとする動きが高まった。欧米の知識や技術を身に付けた人々は、領内を超えて日本、さらには世界を舞台に活躍した。

広がる洋学

江戸時代後期になると、諸外国からの知識を学ぶ洋学が医学を中心に在野に広がっていった。鴨方藩領を含む備中でも例外ではない。

鴨方藩領ではないが、備中出身で大成した医学者として緒方洪庵《おがたこうあん》がいる。洪庵は備中国足守《あしもり》藩士の出身で、大坂で医学を学び、私塾適塾を開いた。洪庵は多くの弟子を育てたが、そのなかの一人に鴨方藩領の六条院東大島の岩井尚賢がいる。

ほかにも、鴨方村出身の田中秀珉は最初岡山で洋学を学び、安政四年（一八五七）に江戸に出てさらに勉学に励んだ。文久元年（一八六一）に幕府の命令ではるか樺太《からふと》に渡航した。その後は鴨方に帰って医業を開き、地元の人々を対象に医療活動に従事した。

適塾

異色の経歴、原田一道

幕末の鴨方藩領には、多くの優秀な人材が誕生し、全国さらには世界を舞台として活躍していった。その代表的な人物に原田一道《はらだいちどう》がいる。

原田一道は天保元年（一八三〇）、鴨方藩医原田碩斎《せきさい》の息子として生まれた。幼少から備中松山藩の家老で陽明学者だった山田方谷《やまだほうこく》に経学を学び、その後さらに幅広い知識を得るため、豊後国日田《ひた》（現在の大分県日田市）に出かけ、学者廣瀬淡窓《ひろせたんそう》が開いた私塾咸宜園《かんぎえん》★で学問に励んだ。一道はそれでは飽き足らず、今度は江戸に出て、伊東玄朴《いとうげんぼく》に蘭学《らんがく》を学び、特に西洋砲術《せいようほうじゅつ》を学んだ。

一道の知識は幕府にも認められ、安政三年（一八五六）に幕府の蕃書調所出役教授手伝に任命された。そして、文久三年（一八六三）には、池田一門で横浜鎖港談判使節となった旗本池田長発《いけだながおき》に従い使節団の一員としてヨーロッパへ渡る機会を得る。一道はそのままオランダに留学し、オランダ陸軍士官学校に入学して、欧州の最新の軍事知識を徹底的に学ぶことになる。

慶応三年（一八六七）に帰国すると、鴨方藩に戻ったようだが、幕府が一道の知識を放っておかず、講武所教授や開成所教授を歴任して、生徒に兵学を講じた。

幕府が崩壊し、新たに明治新政府が樹立されたのち、新政府に出仕し、明治二

緒方洪庵

▼咸宜園
江戸時代後期、漢学者廣瀬淡窓が豊後日田に開いた私塾。入門時に学歴・年齢・身分を問わない「三奪法」を方針として、全国から五〇〇〇人を超える門人が集った。

年（一八六九）に軍務局権判事、さらに同三年にフランス式練兵学校「教導隊《きょうどうたい》」の長となった。さらに、兵学大学校教授として同四年には岩倉使節団★に随行した。このように、一道の博識は新政府でも高く評価されており、新政府も優秀な人材であれば幕府側の人間でも登用したのである。

明治十四年（一八八一）に陸軍少将となり、その後貴族院議員を務め、同三十三年（一九〇〇）に男爵に叙された。

余談だが、息子の長男豊吉《とよきち》と次男直次郎はともにドイツに留学して、兄は東京帝国大学の地質学教授に、弟は洋画家になった。豊吉の長男熊雄《くまお》は加藤高明《かとうたかあき》★や西園寺公望《さいおんじきんもち》★の秘書となり、彼が残した日記は昭和前期の一級史料とされている。

▼岩倉使節団
岩倉具視を特命全権大使とした遣欧使節団。明治四年（一八七一）に横浜港を出港し、二年弱の間アメリカや欧州の国々を訪れた。目的の一つだった条約改正の予備交渉は成功しなかったが、欧米諸国の制度や文物等の調査で大きな成果を得た。

▼加藤高明
外交官・政治家。伊藤博文・西園寺公望・桂太郎・大隈重信がそれぞれ組閣した内閣で外務大臣を務める。大正一三年（一九二四）に首相に就任。在任中に普通選挙を実現する一方、治安維持法を制定した。

▼西園寺公望
政治家。戊辰戦争では山陰道鎮撫総督などに就任。明治に入り、フランスで法律を学ぶ。のち文部大臣や枢密院議長を歴任。明治三六年（一九〇三）政友会総裁に就任し、明治三九年（一九〇六）と明治四四年（一九一一）に二度組閣した。

③

政詮から章政へ

徳川慶喜が朝敵となると岡山藩での茂政の立場はいよいよ不安定なものになる。後継者として選ばれたのは政詮で、彼のもと岡山藩は新政府側につくことになる。政詮は章政と名乗り、岡山藩最後の藩主となる。

茂政の苦悩

慶応二年（一八六六）、将軍徳川家茂が大坂城で病死した。第二次征長戦争の最中であった。将軍職を継承したのは、茂政の兄である徳川（一橋）慶喜である。しかし、慶喜でも幕府の退潮を止めることはできず、翌年には大政奉還を余儀なくされる。薩長は討幕を進めるため、江戸で治安を揺るがし、慶喜に辞官納地を迫った。このような挑発行為に幕臣に不満が高まり、大坂城にいた慶喜は兵を京都に進めた。慶応四年（一八六八、明治元年）、ついに鳥羽伏見戦争が勃発し、旧幕府軍は新政府軍に敗れた。

天皇の名において、逆臣となった慶喜を討つべき命令が下され、諸藩に出兵が命じられた。岡山藩も同様である。しかし茂政は相手が実兄であることもあり、

茂政と水戸徳川家

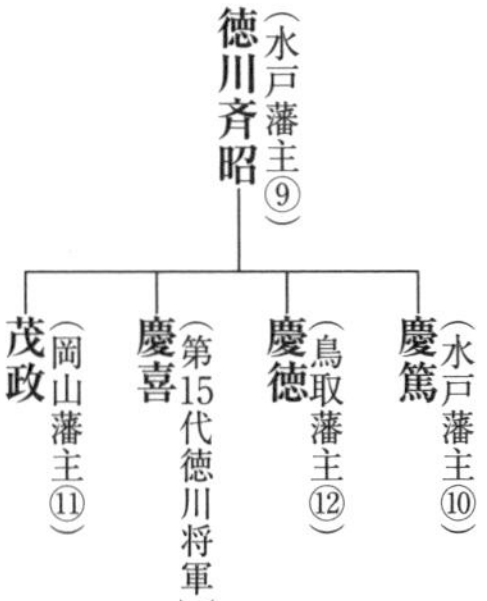

積極的な対応を見せず、西国鎮撫のみを新政府に願った。この願いはかなえられ、慶応四年、岡山藩主茂政の名代として政詮が出陣した。この時農兵隊を含む六〇〇人弱の鴨方藩兵を伴っていた。

ところで、岡山藩・鴨方藩・生坂藩も江戸在勤の家臣が多くいた。そこで、京都や大坂での騒擾に対応するという理由で、岡山藩が旧幕府に本家・分家の家臣たちの帰国を求め、一月二十四日に許可が下りた。余談ながら、旧幕府は畿内周辺に所領をもつ旗本に対しても、所領に戻ることを許しており、池田一門の旗本も江戸を離れて京都へ向かった。旧幕府の首脳陣にこれ以上戦う意思がないことを示すものだろう。

政詮たち岡山藩は西国の平定に力を入れた。当初立ちはだかったのが姫路藩である。姫路藩の前藩主酒井忠績《ただしげ》は旧幕府で大老★を務めたほどの有力者である。忠績は徹底抗戦を主張し、新政府も姫路藩を攻めることを想定していた。

しかし、政詮たちは全面戦争する道を選ばなかった。姫路藩側と折衝し、降伏させることに成功した。この時全面的に攻める道を選べば、大変な犠牲や被害が出たはずである。もちろん、天守をはじめとする姫路城の建造物も大きな被害を受けていただろう。先祖の輝政が築いた城を、子孫の政詮が守ることとなった。姫路城が今なお壮麗な姿をみせるのは、政詮の隠れた功績があったのである。もっとも、政詮自身は姫路城のあまりの豪華さにあきれたという。

▼大老
将軍を除く幕府の最高職。常置ではなく、臨時の職。井伊家・酒井家などの有力譜代大名が就任した。

二月一日、政詮は姫路を出発し京都へ向かう。京都に着いたのは同五日である。そして、翌六日、ついに岡山藩は朝廷から討幕の命を受けることとなった。

ところで、岡山藩にはもう一つ大きな事件が降りかかっていた。いわゆる神戸事件である。

前年の慶応三年（一八六七）、岡山藩は新政府より摂津国西宮（現在の兵庫県西宮市）の警衛を命じられたことを受け、翌正月には二〇〇〇人以上の軍勢を派遣した。

そのなかで家老日置帯刀隊三四〇人が神戸を通過している際に事件は起こった。神戸は当初朝廷の賛意が得られなかったこともあり、徳川慶喜の尽力でようやく開港されたばかりであった。そのため、外国人が急増していた。

一月十一日、日置隊が通行する際に、隊列を無理に横断しようとした外国人との間で衝突が起きた。事件を知った諸外国は、神戸港に停泊していたイギリスとフランスの軍艦から軍隊を出し、岡山藩兵を砲撃した。日置は摩耶山麓《まやさんろく》（現在の兵庫県神戸市）に引き上げたが、外国勢は神戸を占拠した。そのうえで、海上の日本艦船を抑留して、新政府に謝罪と賠償を強く求めてきたのである。

土佐藩が当事者となった堺事件★と合わせ、この事件は新政府にとって大きな試練となった。そもそも岡山藩は攘夷派が主導権を握っており、諸外国に対し良い印象をもっていない。また、隊列を妨害する者を排除するのは、江戸時代の大名

姫路城

▼堺事件
慶応四年（一八六八）二月、堺に入港したフランス兵と土佐藩兵の間で紛争が起こり、土佐藩兵がフランス兵十一人を殺害した事件。フランスが激しく抗議し、新政府は土佐藩士二〇人の処刑を決定した。実際に切腹したのはフランス側と同人数の十一人で、九人は流刑となった。

行列などむしろ武士にとっては当然のことである。そのため、岡山藩は諸外国側の非礼を主張した。新政府側は長州藩の伊藤博文などが諸外国と折衝にあたったが、諸外国は強く岡山藩の責任を主張した。

新政府は諸外国とは攘夷ではなく「開国和親」の方針を掲げていた。また、旧幕府軍と戊辰戦争の最中であり、そもそも諸外国に対抗する力ももち合わせていなかった。そのため、新政府は外国側の要求を全面的に受け入れざるをえなかった。新政府は岡山藩に対し、諸外国が求めた責任者の切腹と日置の謹慎を強く命じた。断れば岡山藩を征討するとまで言い渡したのである。

岡山藩は新政府側に従わざるをえなかった。二月九日、責任者として、日置帯刀に従っていた藩士滝善三郎《たきぜんざぶろう》が切腹した。

政詮の登壇

こういった出来事が茂政の藩主としての責任を問われ、自身の心労を増やす要因となったことは想像に難くない。茂政は引退を決意した。二月十五日、体調不良であることを理由に分家への家督相続を朝廷に願い、認められた。ちなみに、同じころ茂政の兄である鳥取藩主池田慶徳も引退することを決意したが、後継者を確定できず、結局藩主の座に留まることとなった。

写真中央が池田慶徳
（福井市立郷土歴史博物館蔵）

後継者として選ばれたのが政詮である。実のところ、茂政自身は自分よりも年上であった政詮を後継者に選びたくなかったようである。同年三月に兄の慶徳へあてた手紙では、当初は生坂藩池田家の池田政礼《まさのり》か、養父慶政の実子の政実を候補に考えていたようだ。

しかし、①朝廷より年長の者に相続させるべきよう沙汰があったこと、②慶政の義母で岡山藩第七代藩主池田斉敏夫人の嶺泉院から池田家の血統の点から是非政詮を選ぶよう要請されたこと、③そのうえ家臣たちからも政詮を後継にと申し出されて、やむをえず選んだ、と愚痴気味に本心を述べている（『池田慶徳公御伝記』）。

政詮は池田家宗家の直系であり、茂政のように徳川家と近い縁戚関係でなく、そして家臣に人気があったことが後継者に選ばれた理由だろう。

政詮はこの時嫡男の満次郎（政保）と嶺泉院を訪れ、満次郎を岡山藩池田家の嫡男とし、鴨方藩は慶政実子の政実に継がせるよう要望している。これは実現しなかったが、嶺泉院の隠然たる力が見え隠れするようで面白い。それにしても、自分の意思とは関係なく話が進む様子を茂政はどのように感じていたのだろうか。

ともあれ、政詮は岡山藩主池田家の家督を相続し、「章政」と名を改め、備前守に任じられた。それに伴い、茂政は備前守から武蔵守へと改めた。章政は初代光政より岡山藩史上初めて、分家から岡山藩主となった人物となった。

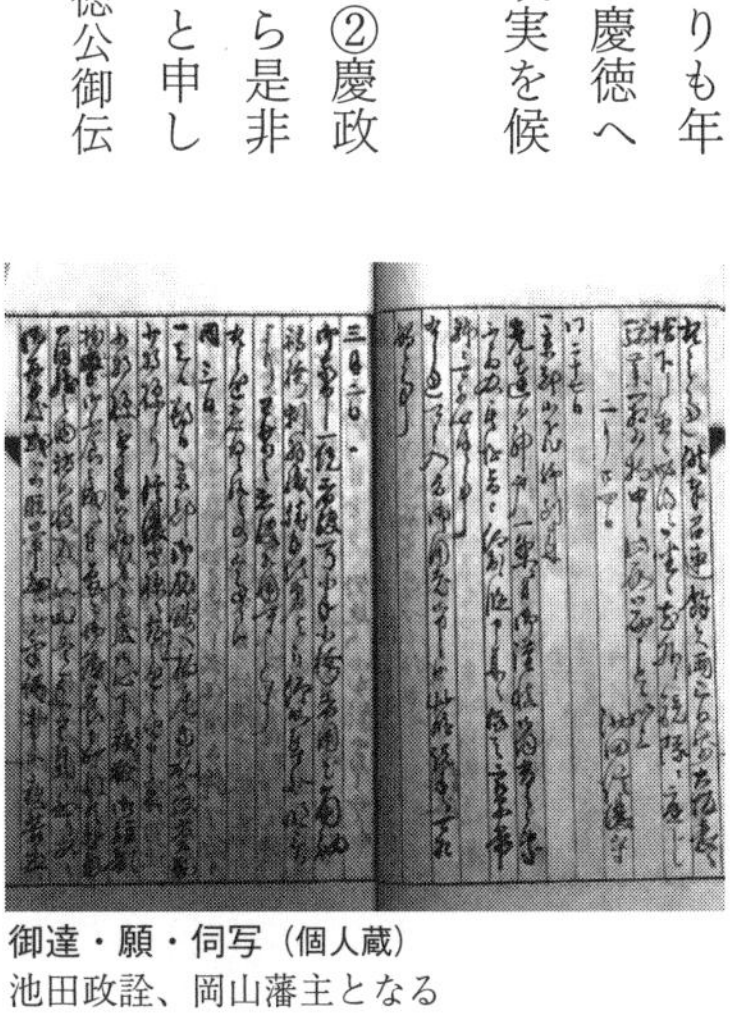

御達・願・伺写（個人蔵）
池田政詮、岡山藩主となる

池田章政
（福井市立郷土歴史博物館蔵）

新政府側に理解を示す章政が藩主となったことにより、岡山藩は旧幕府側に遠慮せずに新政府側に加わることができた。

その後の章政の活躍

もう少し家督相続後の章政と岡山藩の動静を概観しよう。岡山藩は新政府の一員として、全国各地に兵を出すこととなった。

東国では、奥羽《おうう》や一部は箱館《はこだて》の五稜郭《ごりょうかく》の戦いにも参戦した。また、西国では、旧幕府で老中を務めた板倉勝静の所領備中国松山などに兵を進めた。章政自身は新政府から議定職・江戸鎮台補兼警備を命じられた。

しかし、これらは岡山藩の財政を圧迫することになった。章政は家臣団に倹約を命じ、新政府にも借金を願い出ざるをえなかった。

同時に池田家の惣領として、鳥取藩主池田慶徳とともに一門の家名存続のため奔走した。江戸時代初期より池田一門は西国に枝葉を伸ばし、そのうちの多くが旗本として存続していた。池田慶徳と新政府に働きかけて、彼らの領地安堵が認められることに成功した。

明治二年（一八六九）に版籍奉還で岡山藩知事となったが、同四年の廃藩置県で免官となり、岡山を離れた。

五稜郭

東京に移った章政は、様々な事業に加わることになった。明治十一年、第十五国立銀行頭取に就任した。

あわせて、他の旧大名家とも協力して鉄道事業に参画した。まず、明治初年に東京鉄道会社を設立した。この事業に章政たちとともに関わったのが、若き実業家で、のちに近代日本資本主義の父といわれた渋沢栄一である。この鉄道事業は実現せずに終わったが、新政府より何らかの事業を行うことを勧められたので、章政は渋沢に諮り、海上保険会社を設立することにした。こうして誕生したのが、我が国保険会社の嚆矢ともいうべき東京海上保険会社（現東京海上日動）である。また、章政は鉄道事業への参画をあきらめることなく、同十四年に渋沢たちとともに、現在のＪＲ東日本の原型ともいえる日本鉄道会社を設立した。

その後、章政は明治十七年に侯爵となり、同二十三年に貴族院議員として、国政に携わる身となった。

明治三十六年、従一位・勲二等などに昇叙したのち、同年六月五日に死去した。家督は次男の詮政が継いだ。墓地は曹源寺（岡山県岡山市）にある。

4

明治維新と鴨方藩の終焉

政詮が岡山藩主となり、嫡男の政保が鴨方藩主となった。鴨方藩は藩政改革を行い、独自に政務を執り行った。しかし、近代化の動きは止まらなかった。廃藩置県により鴨方藩は消滅し、鴨方地方も新しい時代を迎えた。

政保の藩主就任と藩政改革

政詮が岡山藩主に就任した慶応四年（一八六八）三月十五日、政詮の嫡男満次郎が政保《まさやす》と命名され、鴨方藩主を相続し、最後の藩主となる。政保は五歳と幼年であったため、実父で岡山藩主となった章政が藩政を後見した。

鴨方藩兵は征東大総督であった有栖川宮熾仁親王《ありすがわのみやたるひとしんのう》に従い、江戸周辺を警備している。大総督府が鳥取藩邸に転陣となり、鴨方藩士たちも鳥取藩邸に詰めた。同年六月二十五日、鴨方藩は、徳川綱吉以来の幕府から与えられた領知朱印状と領知目録を新政府に提出した。同時期に諸藩も提出している。家名と領地の存続を認めるのは新政府であることを諸大名は実感したことだろう。

さらに七月二十三日、これまで在所を「備前新田」と名乗っていたところを、

有栖川宮熾仁親王
（福井市立郷土歴史博物館蔵）

岡山藩からの願いにより「備中鴨方」と名乗ることを新政府から許可された。鴨方藩が正式に誕生したと言ってよい。なお、生坂藩は変わらず「備前新田」のままであった。

藩政改革

維新に伴い、鴨方藩は制度改革を進めた。軍制を本家岡山藩に準じて改変するとともに、「寺社奉行」を「社寺奉行」に改称した。

明治二年（一八六九）の版籍奉還により、政保は鴨方藩知事となった。藩知事となっても鴨方藩領を池田家が支配することに変わりはなく、家禄九百二十二石を新政府から支給されることとなった。岡山藩のもう一つの分家生坂池田家も正式に藩として認められた。

家臣団の組織改正も行われた。明治二年、十月に禄制が定められた。この時は全体で従来の二五パーセント減らすことを主眼とした。高禄の者ほど削減され、小禄ならばむしろ増える者もいた。一方、軽輩や農兵隊といった農民出身の者は帰農したことで、禄から離れたようである。

また、「職員令」が出され、職制が定められた。これによると、大参事に山羽《やまは》武定《たけさだ》、権大参事に内田忠篤《うちだただあつ》・浦上宗尚・矢吹敦《やぶきあつし》・矢吹享《やぶきとおる》、小参事大監察に西郡《にしごおり》国武《くにたけ》、権少参事軍務課管事に牧原閑馬《まきはらしずま》が任命された。

さらに、租税方（幹事二人、書記二人）、庶務方（幹事二人、書記、筆生）らが実際に領内を管理する者として定められ、部下たちとともに岡山城下から鴨方へ赴いた。これまでのように本家の岡山藩に頼るのではなく、藩として独自に政務を取り組むために、彼らのような実務方の役人が必要になったのである。

明治期の鴨方藩の事業として、寄島港《よりしま》（現在の岡山県浅口市）の整備があげられる。寄島は近世から漁村として漁業が盛んであるとともに、港町としての役割を担っていたが、明治元年、鴨方藩は寄島の早崎に港を整備して、商業の船が行き交えるようにして、藩内の物資の輸送の中継地点にすることとした。寄島港は鴨方藩の廃藩後も栄えていった。

また、同年十二月鴨方藩では、家臣や領民に関わらず広く意見を受け付けられ

士族等減禄高

新　禄	旧　禄
120石	500石以上
110石	400石
100石	300石
90石	200石
85石	150石
75石	100石
70石	70石
45俵	50俵３人扶持以上
42俵	40俵３人扶持以上
40俵	30俵３人扶持以上
38俵	25俵３人扶持以上
37俵	23俵３人扶持以上
35俵	20俵３人扶持以上
31俵	23俵２人扶持以上
30俵	20俵２人扶持以上
28俵	18俵２人扶持以上
27俵	17俵２人扶持以上
25俵	15俵２人扶持以上
24俵	12俵２人扶持以上
55俵	17人扶持以上
40俵	9人扶持以上
39俵	8人扶持以上
38俵	7人扶持以上
28俵	5人扶持以上
11俵	2人扶持以上

（『鴨方町史』より）

るよう、岡山城の天神山にある鴨方藩邸、そして鴨方の陣屋前に諫箱を設置した。

廃藩置県

しかし、近代化を進め、中央集権化を図っていた新政府は、藩が残っていること自体が不満であった。そのため、二年後の七月十四日、廃藩置県を出し、全国の諸藩を廃止とした。幕末維新の動乱を経て、疲弊をしていた諸藩からは大きな異論が出ることもなかった。

鴨方藩も廃止となり、鴨方県が設置され、政保は東京に移ることとなり、鴨方藩の歴史はここに終焉した。

ところで、八月に備前と備中の池田家の旧領内の里正と目代一同から池田章政の復職嘆願書が岡山県庁に提出された。内容を簡単に紹介しよう。

- 朝廷の大改革が行われ、藩が廃止され、藩知事様も御免職となり、驚愕している。一同前知事様を深く慕っており、嘆願書を出した。
- もともと池田家は先祖の光政様より代々仁心厚く万民のため土地を開墾し、信賞必罰に御不当なことはなく、数百年恩沢に浴し、前知事様は特に仁心深かった。

- 二年前に版籍奉還になり、藩政改革を進める姿には我々一同落涙するほどの倹約をされていた。御士族の尊大な風習はことごとく洗われ、門閥に関わらない人材登用を進めた。
- 議院聴訟などの場所を開き、上下が親しい取向きとなった。
- 学校を改正し、郷学所を設置して教化の道を進め人材を育てた。
- 地形が変わり田畑の錯乱もあるとお考えになり、田畑改正を村役人に委任され、勧農を進め、義倉を立てられた。
- 我々はますます前知事様を父母のごとく慕っていたのに、今回の免職は一同仰天している。前知事様を当県知事様へ復任を仰せ付けられるよう歎願したい。

背景には、新しい時代への領民の不安と、池田家時代への懐古的な心情を読み取ることもできるだろう。一方で、廃藩が知らされてから一カ月、旧岡山藩領全体で出されるなど手際が良い。そのうえ、そして池田家の先祖からの歴史から章政の事績までを簡潔にまとめたうえで仁心深いことが記されるなど、内容も整えられている。推測の域を出ないが、もしかすると、旧岡山藩の関係者が暗に領民に対して願書を出すよう働きかけ、この機会に章政の復職を図ったのかもしれない。旧鴨方藩領の領民がどのように関わったかは不明だが、今後どのような社会になるか不安を感じただろう。
しかしながら、ついに章政の復職は認められることはなかった。同年七月、政保は東京移住するにあたり、領民に対して離別の挨拶を出した。

大政の変革について帰京を命じられたので、不日に出発をする。累世永々と世話になり満足に思い離別の私情は言うまでもなく、先祖からの恩誼は永く忘れない。今後もみな協和して農業に出精して、御国恩に報いることを心がけるように頼みたい。

こうして、鴨方藩池田家の鴨方領有の歴史に幕を下ろすこととなり、鴨方藩は終焉した。鴨方地方は近代化の道を歩むことになる。

これも鴨方

徳川慶喜の兄弟と明治維新

水戸藩第九代藩主徳川斉昭は子宝に恵まれた。その数は三七人（男子二二人、女子一五人）といわれる。しかし早世するのが珍しくない時代、そのなかで二十歳を迎えらえたのは半分以下の一八人（男子一二人、女子六人）。このうち慶喜や茂政を除いた特に著名な人物を何人か紹介しよう。

長兄慶篤は、慶喜と同じ母親（皇族の有栖川宮家出身で斉昭の正室である文明夫人）である。斉昭が幕府より隠居を命じられると十三歳で家督を相続したが、若年であるということで、分家の高松藩主・府中藩主・守山藩主が幕府より後見を命じられた。斉昭はこれを喜ばなかったし、藩主在任中を通して、門閥派と改革派の対立に悩むことになる。優柔不断さから両派の意見を受け入れたため、「よかろう様」と揶揄されたという。結局水戸藩と弟慶喜の行末を見届けることができず、慶応四年（一八六八）四月五日、水戸藩の混乱の最中にこの世を去った。享年三十七歳。

池田慶徳は第五男で、慶喜の兄にあたる。母は側室の貞子である。鳥取藩主となり、実父斉昭の助言を受けながら藩政改革を行おうとした。また、弟の茂政とは同じ池田家を相続したこともあってか、たびたび書状のやりとりを行っている。実家の水戸藩や慶喜のことも案じていたが、慶喜が朝敵となると、隠居を決意する。しかし、後継者等をめぐって藩内の対立が解消せず、藩主の座に留まった。新政府では議定となり、兄弟たちの家の存続に尽力した。

慶喜を除けば、もっとも波乱な生涯を過ごしたのは、第十男の松平武聴《たけあきら》かもしれない。母は側室直で、浜田藩主となる。しかし、第二次長州出兵では、長州藩の攻撃を受け、居城浜田城を脱出するという屈辱を味わう。

武聴は飛び地であった美作久米北条郡（現在の岡山県北部）に落ち延びた。美作の石高は八千四百石だったが、新政府から旧幕府領二万八千石を加増され、合計三万六千石の鶴田藩主として再興することを許された。しかし、年貢の収納をめぐり農民と対立し、大規模な一揆が起こった。最終的に、鶴田藩は新政府の意向もあって武力をもって鎮圧することになる（鶴田騒動）。

徳川昭武は第十八男で、母は側室の睦子である。慶喜が目をかけた弟で、将軍職の後継者とも目された人物である。フランスのパリ万博に将軍の代理として参加し、当地で「プリンス・トクガワ」と呼ばれた。万博後も留学を続けたが、兄慶篤が病没し、水戸徳川家の家督を継承するため帰国し、水戸藩最後の藩主となる。廃藩置県後は再びフランスに留学し、ナポレオン三世夫妻とも交流をもった。

水戸徳川家の家督は兄慶篤の嫡男である篤敬に譲り、自らは別家を立てた。隠居後は松戸に屋敷を構え、兄慶喜も何度も訪れた。昭武の屋敷や庭園は現存し、明治以降の数少ない旧大名家の邸宅として公開されている。

六女の松姫（明子）は、母が慶徳や茂政と同じく貞子である。盛岡藩主南部利剛の正室となった。

戊辰戦争で東北諸藩が奥羽列藩同盟を結び、新政府と対立すると、松姫が嫁いだ盛岡藩も同盟に参加した。しかし、新政府軍の前に敗れ、夫の利剛は朝敵扱いとなる。ここで利剛夫妻が頼ったのが新政府で議定となっていた慶徳だった。慶徳の取りなしなどもあり、利剛は赦免され、家名存続が認められた。

斉昭の子供たちは、斉昭の血を引く者として、尊王攘夷の象徴として各藩から求められた存在であった。しかし雄藩が勢力を伸ばし、慶喜と対立すると風向きが変わってくる。慶喜と血を分けた彼・彼女たちはむしろ邪魔な存在となっていった。皮肉としかいいようがないが、彼らが翻弄される姿こそ、幕末維新の日本がいかに激動の世であったかを雄弁に物語る証左といえるだろう。

徳川斉昭子女一覧

	名前	母親	生没年	成人後
長女	賢姫	古與	文政5(1822)～天保15(1839)	宇和島藩主伊達宗城と婚約後に死去
三女	祝姫	古與	文政10(1827)～嘉永6(1853)	水戸藩家老山野辺義室
長男	鶴千代麿	吉子	天保3(1832)～慶応4(1868)	水戸藩第10代藩主徳川慶篤
六女	松姫	貞子	天保7(1837)～明治36(1903)	盛岡藩主南部利剛室
五男	五郎麿	貞子	天保8(1837)～明治10(1877)	鳥取藩主池田慶徳
七男	七郎麿	吉子	天保8(1837)～大正2(1913)	一橋家当主から15代将軍徳川慶喜
八男	八郎麿	直	天保10(1839)～文久元(1861)	川越藩主松平直侯
九男	九郎麿	貞子	天保10(1839)～明治32(1899)	岡山藩主池田茂政
九女	八代姫	貞子	天保12(1841)～明治2(1869)	仙台藩主伊達慶邦室
十男	十郎麿	直	天保13(1842)～明治15(1882)	浜田藩主松平武聡
十一男	余一麿	利子	弘化元(1844)～明治7(1874)	喜連川藩主喜連川（足利）縄氏
十一女	茂姫	睦子	嘉永3(1850)～明治5(1872)	有栖川宮熾仁親王妃
十六男	余六麿	徳子	嘉永4(1851)～大正6(1917)	島原藩主松平忠和
十七男	余七麿	睦子	嘉永5(1852)～明治25(1892)	土浦藩主土屋挙直
十二女	愛姫	徳子	嘉永5(1852)～大正3(1914)	高岡藩主井上正順室
十八男	余八麿	睦子	嘉永6(1853)～明治43(1910)	水戸藩第11代藩主徳川昭武
十九男	余九麿	悦子	安政2(1855)～明治24(1891)	守山藩主松平喜徳
二十二男	廿二麿	睦子	安政5(1858)～明治6(1873)	守山藩主松平頼之
十五女	正姫	悦子	安政5(1858)～明治6(1873)	鳥取藩分家鳥取東館藩主池田徳澄室

※上記以外の子供は早世もしくは養子に行く前に死去

これも鴨方

鴨方の歴史を学ぶ資料館・施設

鴨方郷土資料館

昭和五十八年（一九八三）二月開館。浅口市鴨方町にある中央公民館、野球場、体育館の文化・体育施設の集まった総合コミュニティゾーン「天草公園」の中にあり、鴨方図書館と併設する。

主な資料は、①儒学者の西山拙斎や絵師の田中索我といった鴨方の先人の資料、②水車を利用した製造機具といった手延素麺等の鴨方の地場産業に関わる資料、③考古資料が中心。

【鴨方郷土資料館】
住所　浅口市鴨方町鴨方二二四四－一三
電話　〇八六五－四四－七〇五五（浅口市教育委員会事務局文化振興課）
開園時間　午前九時～午後五時（入館は午後四時三十分まで）
休館日　毎週月曜日、祝日、毎月末日、十二月二十八日～翌年一月四日

鴨方郷土資料館

かもがた町家公園

平成十年開園の歴史公園。町家二棟、土蔵三棟を修復した江戸時代の歴史的建築物や庭園等を整備した史跡ゾーンと、伝統植物園や芝生広場、展望台のある景観ゾーンからなり、面積は約六，六〇〇平方メートルを有する。平成十八年（二〇〇六）、国土交通省から「日本の歴史公園一〇〇選」に選定された。

かもがた町家公園

歴史的建築物として、岡山県内最古の築後三百年以上になる「旧高戸家住宅」（岡山県指定重要文化財）がある。高戸家は油商等を営む傍ら、鴨方藩主の宿泊所や文化人たちの交流サロンの場にもなっていた。

鴨方の歴史を学ぶための拠点ともいえる公園であり、南側には「旧鴨方往来」が走り、周辺には、昔から伝わる里謡「鴨方に過ぎたるものが三つある　拙斎、索我、宮の石橋」に登場する西山拙斎や田中索我ゆかりの史跡や寺社、鴨方藩陣屋跡、鴨山城

跡などがある。
公園の運営を担うのは地元の人々であり、清掃から案内、食堂でのもてなし、文化事業まで幅広く活動している。

【かもがた町家公園】
住所　浅口市鴨方町鴨方二四〇
電話　〇八六五－四五－八〇四〇
開園時間　午前九時〜午後五時（入館は午後四時三十分まで）
休園日　毎週月曜日、火曜日、祝日の翌日、年末年始

ほかにも、浅口市には金光歴史民俗資料館（浅口市民会館金光に設置。土器などの文化財や農耕具、金光出身者の芸術作品などを展示）や寄島郷土資料館（浅口市寄島総合支所内。塩田に関する資料などが展示）がある。
また、昭和の漢詩人阿藤伯海を顕彰する「阿藤伯海記念公園」があり、生家を修復した「阿藤伯海旧居」ほか、吉備真備を顕彰した絶筆の詩碑等がある「記念広場」、遙照山系を望む梅園「流芳の丘」がある。

【金光歴史民俗資料館】
住所　浅口市金光町占見新田七九〇－一
電話　〇八六五－四二－二八四五（浅口市教育委員会事務局金光分室）
開園時間　午前九時〜午後五時（入館は午後四時三十分まで）
休館日　毎週月曜日、祝日、毎月末日、十二月二十八日〜翌年一月四日

【寄島郷土資料館】
住所　浅口市寄島町一六〇一〇
電話　〇八六五－五四－三一一〇（浅口市教育委員会事務局）
開園時間　午前九時〜午後五時（入館は午後四時三十分まで）
休館日　毎週月曜日、祝日、毎月末日、十二月二十八日〜翌年一月四日

【阿藤伯海記念公園】
住所　浅口市鴨方町六条院東二三八五
電話　〇八六五－四四－九二五五
開館時間　午前九時から午後五時
休館日　毎週月曜日、火曜日、祝日、十二月二十八日から翌年一月四日（記念広場、流芳の丘、蓮池等はいつでも散策可）

岡山天文博物館

日本を代表する陰陽師・安倍晴明が天文観測のために屋敷を構えていたとされる鴨方。安倍晴明の屋敷があったと伝わる阿部山の東隣の竹村寺山にはプラネタリウムを備えた岡山天文博物館がある。この施設の敷地内には国内最大級の一八八センチ反射望遠鏡をはじめとする望遠鏡を備え、日本の天文学の研究に貢献した国立天文台ハワイ観測所岡山分室岡と、アジア最大級のせいめい望遠鏡を備えた京都大学岡山天文台があり、ガラス越しに望遠鏡を見学できる。

【岡山天文博物館】
住所　浅口市鴨方町本庄三〇三七－五
電話　〇八六五－四四－二四六五
開館時間　午前九時〜午後四時三十分
休館日　毎週月曜日、十二月二十八日〜翌年一月四日

エピローグ

その後の鴨方地域

東京に移った池田家は華族となり、政府より家禄が支給された。財産が保証され、大名ではないものの子爵として新たな時代に特別な地位が保証された。

一方、家臣団は士族となったが、明治九年（一八七六）を最後に家禄が支給されなくなり、その特権を失うこととなった。

明治四年（一八七一）七月に鴨方藩の代わりに鴨方県が誕生したが、同月中には生坂県とともに、岡山藩への合併が新政府に上申された。旧鴨方藩領はもともと旧岡山藩から分割された土地であり、士族の多くがもともと岡山城下に居住していたことがその理由である。鴨方藩やその本家である岡山藩が消滅しても、両者の関係は継続されたわけである。

備中国と備後国六郡をあわせた深津県が誕生すると、鴨方・生坂両県は深津県域となった。もっとも、深津《ふかつ》県（明治五年に小田《おだ》県と改称）は明治八年（一八七五）に岡山県に合併され、現在まで同県の県域となっている。

所属する県が変わるなかで、旧鴨方藩領にも近代化の波が押し寄せた。しかし、鴨方藩時代の遺産も継承されていった。

まずはハード面である。明治元年（一八六八）に整備された寄島港は、廃藩後も多くの船が行き交った。北海道の産物を取り扱う問屋や仲買が置かれ、綿花の肥料となる鯡粕が運ばれ、周辺の農家に購入された。積荷として、周辺で精製された塩のほか鴨方素麺、綿などが出荷された。明治後期まで、寄島は港町として発展していくことになる。

次にソフト面である。幕末に私塾拡充館を運営した林李溪は、鴨方藩の郷校観生社の教授となり、明治には岡山藩学校の教授となった。廃藩後は帰郷し、引き続き多くの人材を育てた。李渓に学んだのち、自らも教育者となって、明治五年に学制が制定されて誕生した小学校で教鞭を執る者もいた。旧鴨方藩時代の教育が、鴨方の近代教育を支えた。

また、高戸家当主吉平の弟源次郎は、岡山県吏の道を歩んだのち、小田郡長となった。原田一道のように日本すら飛び出し、海外に活動の場を求める人々もいた。

旧鴨方藩の陣屋が置かれていた鴨方村は、近隣の村々と合併しつつ、大正十四年（一九二五）に鴨方町となり、平成十八年（二〇〇六）に鴨方町・金光町・寄島町が合併し、浅口市となった。

鴨方藩が消滅して百五十年近くが経過したが、現在でも鴨方には陣屋町としての名残が残り、江戸時代の様子をうかがい知ることができる。平成十年には鴨方往来に沿って「かもがた町家公園」が整備され、観光地や生涯学習の場として活用されている。

これからも鴨方地域は、豊かな歴史や文化を継承しながら、発展していくことだろう。

あとがき

私が鴨方藩の陣屋跡を初めて訪れたのは、二十年以上も前、大学の日本史研究室が主催した入門旅行の時だった。私は院生の一年生だったが、他大学から進学したこともあり、学部生の一年生と一緒に参加した。不勉強な自分には、藩から独立してもう一つ藩が誕生するという支藩や分家大名という構造が良く理解できなかった。

その後、大学院で武家の本家・分家の関係を研究することになり、鴨方藩ほか分家大名や分家旗本を題材に考察を進めることになった。そのため、学生のころよりは鴨方藩のことを理解できたつもりでいた。

今回執筆の話をいただくにあたり、鴨方藩について改めて一から見直すことにしたが、一知半解、半知半解、いやまったく知らないことばかりであることを痛感した。知識の足りない部分は多くの優れた先行研究を頼りとしたが、自分の理解が足りないために十分に説明ができていないところもあるだろう。その点について御海容願いたい。

ところで、本の冒頭で鴨方藩は果たして藩か、ということを述べた。鴨方藩池田家は岡山藩池田家の分家であり、岡山藩主に奉公をしなければならなかった。また、鴨方藩政も岡山藩の影響を常に受けていた。そのため独立した存在とはいいがたい。一方で、幕府より朱印状を交付され、幕府から領地を認められた（与えられたとはいえない）存在でもある。

しかし、鴨方藩のような藩は決して珍しくない。江戸時代もしくはその直前に本家から分かれて成立した諸藩が非常に多いからである（徳川御三家も広くいえば徳川将軍家の分家である）。分家側は多かれ少なかれ本家の影響・もしくは干渉を受けるし、鴨方藩が藩でなければ、同じような形態の藩はすべて藩と呼べなくなってしまう。どこからが自立し、逆にそうではないとは一概にはいえないが、本家から自立していないから藩ではないのではなく、その成立過程から、多様な性格あるいは個性をもつ藩が存在すると考えるべきだろう。

そもそも「藩」という用語自体広く使われるようになったのは近世後期であり、当時の人は「（人名）様家中」または「（人名・地名）領」と認識する機会が多かっただろう。そうなると、藩だけでなく、大名家という視点での考察が大切で、まだまだ本家・分家大名の関係について検討を深めていかねばならない。鴨方藩にしても生坂藩との比較や鴨方藩政をもっと掘り下げて検討する必要があることを感じている。

繰り返しになるが、自分の理解が足りないこともあり、執筆に多くの年数を費やすことになってしまった。執筆の機会をいただいた現代書館の菊地泰博氏と、編集を担当され、私が躓くたびに適切な助言をいただいた加唐亜紀氏に深くお詫びするとともに、心よりお礼を申し上げたい。

参考引用文献

『鴨方町史』本編（鴨方町　一九九〇年）
『鴨方町史』史料編（鴨方町　一九九三年）
『新修倉敷市史』第三巻、近世(上)（倉敷市　二〇〇〇年）
『新修倉敷市史』第四巻、近世(下)（倉敷市　二〇〇三年）
『新修倉敷市史』第九巻、史料 古代・中世・近世（上）（倉敷市　一九九五年）
『岡山県史』第六巻、近世Ⅰ（岡山県　一九八四年）
『岡山県史』第七巻、近世Ⅱ（岡山県　一九八五年）
『岡山県史』第八巻、近世Ⅲ（岡山県　一九八七年）
『岡山県史』第九巻、近世Ⅳ（岡山県　一九八九年）
『岡山県史』第二四巻、岡山藩文書（岡山県　一九八二年）
『六条院町誌』（六条院町　一九四九年）
『鴨方町誌』（鴨方町　一九五五年）
『寄島町誌』（寄島町　一九六七年）
『大名 池田家のひろがり』（鳥取市歴史博物館　二〇〇一年）
『仁風閣の周辺―白亜の洋館と池田侯爵家のあゆみ―』（鳥取市歴史博物館　二〇〇四年）
磯田道史「侍・徒士・足軽以下の存在形態」『近世大名家臣団の社会構造』（東京大学出版会　二〇〇三年）
大森映子『お家相続 大名家の苦闘』（角川書店　二〇〇四年）
大森映子「大名家における後継者決定過程―池田綱政の後嗣をめぐって―」『湘南国際女子短期大学紀要』第七号（二〇〇〇年）
大森映子「備中鴨方藩の急養子相続―弘化四年の相続問題―」『藩世界と近世社会』（岡山藩研究会編　岩田書院　二〇一〇年）
倉澤昭壽『近世足利学校の歴史』（足利市　二〇一一年）
倉地克直『池田光政―学問者として仁政行もなく候へば』（ミネルヴァ書房　二〇一二年）
倉地克直『池田綱政―元禄時代を生きた岡山藩主』（吉川弘文館　二〇一九年）
谷口澄夫『岡山藩』（吉川弘文館　一九六四年）
谷口澄夫『池田光政』（吉川弘文館　一九六一年）
中野美智子「宝永八年の生坂支藩分知計画について―池田家文庫藩政史料の原秩序復元の一例―」『倉敷の歴史』第五号（倉敷市　一九九五年）
藤井学・狩野久・竹林榮一・倉地克直・前田昌義『岡山県の歴史』（山川出版社　二〇〇〇年）
藤尾隆志「岡山藩池田家における分家大名への認識とその活動」『岡山地方史研究』第一二九号（岡山地方史研究会　二〇一三年）
藤尾隆志「分家大名が本家大名に果たした役割―鴨方池田家池田政倚を事例に―」『史泉』第一二二号、（関西大学史学・地理学会　二〇一五年）
別府信吾「鴨方藩の農兵隊と幕末の動向」『倉敷の歴史』（第一一号　二〇〇一年）
別府信吾「『備中岡山藩』の世界―岡山本支藩の研究―」（吉備人出版　二〇〇八年）
室山京子「近世岡山藩における本家分家関係―生坂分家に対する財政的援助の実態―」『倉敷の歴史』第一一号（倉敷市　二〇〇一年）
守安收「浦上玉堂、春琴・秋琴の生涯と芸術」『文人として生きる―浦上玉堂と春琴・秋琴　父子の芸術』（千葉市美術館・岡山県立美術館　二〇一六年）
渡邊大門『宇喜多秀家と豊臣政権―秀吉に翻弄された流転の人生』（洋泉社　二〇一八年）
永山卯三郎『池田光政公伝』（上・下）（一九三二年）
石井良助編『藩法集Ⅰ岡山藩（上・下）』（創文社　一九五九年）
『池田家履歴略記』（上・下）（日本文教出版　一九六三年）
『撮要録』（上・下）（日本文教出版　一九六五年）
池田定常「思ひ出草」『随筆百花苑』第七巻、（中央公論社　一九八〇年）
藤井駿・水野恭一郎・谷口澄夫編『池田光政日記』（国書刊行会　一九八三年）
『贈従一位池田慶徳公御伝記』第二巻（鳥取県立博物館　一九八八年）
『贈従一位池田慶徳公御伝記』第四巻（鳥取県立博物館　一九八九年）
神原邦男『池田綱政の日記』第一期全一三巻（二〇〇八～二〇一四）

協力者

浅口市／浅口市観光協会
大浦神社
岡山大学附属図書館
岡山県立図書館
岡山県立博物館
岡山県立美術館
京都大学附属図書館
公益財団法人　特別史跡旧閑谷学校顕彰保存会
国立国会図書館
史跡足利学校事務所
東京国立博物館
東京大学史料編纂所
鳥取県立博物館
福井市立郷土歴史博物館

藤尾隆志（ふじお・たかし）
一九七六年兵庫県生まれ。水戸市教育委員会歴史文化財課世界遺産係長。岡山大学大学院修士課程・関西大学大学院博士課程後期課程修了。専門分野は日本近世史。主要著書・論文に：『播磨新宮町史　史料編Ⅰ　古代・中世・近世』（共著：新宮町、二〇〇五年）、「分家大名が本家大名に果たした役割」（『史泉』第１２２号、二〇一五年）、「岡山藩池田家における分家大名への認識とその活動」（『岡山地方史研究』第１２９号、二〇一三年）など。

シリーズ藩《はん》物語《ものがたり》 **鴨方藩《かもがたはん》**

二〇二一年十一月二十日　第一版第一刷発行

著者――――――藤尾隆志
発行者―――――菊地泰博
発行所―――――株式会社 現代書館
東京都千代田区飯田橋三―二―五　郵便番号 102―0072　http://www.gendaishokan.co.jp/
電話 03―3221―1321　FAX 03―3262―5906　振替 00120―3―83725
組版――――――デザイン・編集室 エディット
装丁・基本デザイン―伊藤滋章（基本デザイン・中山銀士）
印刷――――――平河工業社（本文）東光印刷所（カバー・表紙・見返し・帯）
製本――――――鶴亀製本
編集――――――加唐亜紀
編集協力――――黒澤　務
校正協力――――高梨恵一

 ISBN978-4-7684-7159-3

江戸末期の各藩

松前、**八戸**、七戸、黒石、**弘前**、**盛岡**、**一関**、**秋田**、亀田、本荘、秋田新田、仙台、松山、**新庄**、**庄内**、天童、長瀞、**山形**、上山、**米沢**、米沢新田、相馬、福島、**二本松**、三春、**会津**、**守山**、棚倉、平、湯長谷、泉、**村上**、黒川、三日市、**新発田**、村松、三根山、与板、**長岡**、椎谷、**高田**、糸魚川、松岡、笠間、宍戸、**水戸**、下館、結城、**古河**、下妻、府中、土浦、麻生、谷田部、牛久、大田原、黒羽、烏山、喜連川、**宇都宮・高徳**、**壬生**、吹上、**足利**、佐野、関宿、高岡、佐倉、小見川、多古、一宮、**生実**、鶴牧、久留里、大多喜、請西、飯野、佐貫、勝山、館山、岩槻、忍、岡部、**川越**、沼田、前橋、**伊勢崎**、館林、高崎、吉井、小幡、安中、七日市、飯山、須坂、**松代**、**上田**、**小諸**、岩村田、田野口、**松本**、諏訪、**高遠**、飯田、金沢、荻野山中、**小田原**、**沼津**、小島、田中、掛川、**相良**、横須賀、浜松、富山、加賀、**大聖寺**、郡上、高富、苗木、岩村、加納、大垣、高須、今尾、犬山、挙母、岡崎、西大平、西尾、**三河吉田**、**田原**、大垣新田、尾張、**刈谷**、西端、長島、**桑名**、神戸、菰野、亀山、津、久居、鳥羽、宮川、彦根、大溝、山上、西大路、三上、膳所、水口、丸岡、勝山、大野、**福井**、鯖江、敦賀、小浜、**淀**、新宮、田辺、紀州、峯山、宮津、田辺、綾部、山家、園部、**亀山**、福知山、柳生、柳本、芝村、郡山、小泉、櫛羅、高取、高槻、麻田、丹南、狭山、岸和田、伯太、豊岡、出石、柏原、篠山、尼崎、三田、三草、明石、小野、姫路、林田、安志、龍野、山崎、三日月、赤穂、鳥取、若桜、鹿野、**津山**、勝山、新見、岡山、庭瀬、足守、岡田、岡山新田、浅尾、松山、**鴨方**、**福山**、**広島**、広島新田、高松、丸亀、多度津、西条、小松、今治、松山、**大洲・新谷**、**伊予吉田**、**宇和島**、徳島、**土佐**、土佐新田、**松江**、広瀬、母里、浜田、津和野、岩国、徳山、長州、長府、清末、小倉、小倉新田、**福岡**、**秋月**、**久留米**、柳河、**三池**、蓮池、唐津、**佐賀**、**小城**、鹿島、大村、島原、平戸、平戸新田、**中津**、杵築、日出、**府内**、臼杵、**佐伯**、森、**岡**、熊本、熊本新田、宇土、人吉、延岡、高鍋、佐土原、飫肥、薩摩、対馬、五島（各藩名は版籍奉還時を基準とし、藩主家名ではなく、地名で統一した）

★太字は既刊

シリーズ藩物語・別巻『白河藩』（植村美洋著、一六〇〇円＋税）

シリーズ藩物語・別冊『それぞれの戊辰戦争』（佐藤竜一著、一六〇〇円＋税）